숫자도 익히는
몬테소리
영어 놀이

The Montessori Book of Words & Numbers

Conceived and produced by Elwin Street Productions
Copyright © Elwin Street Limited 2019
10 Elwin Street,
London, E2 7BU
UK
www.modern-books.com

언어와 수리 능력 발달을 위한

숫자도 익히는
몬테소리
영어 놀이

마자 피타믹 지음 · 오광일 옮김

유아이북스
For The Ultimate Information

몬테소리에 대하여

마리아 몬테소리(Maria Montessori)는 1870년에 로마에서 태어났습니다. 이후에 로마 대학교에서 의학을 공부하였지요. 1907년에 슬럼가의 아이들을 위한 첫 번째 어린이집을 열었고, 바로 이곳에서 세계적으로 유명해진 몬테소리 교육법이 시작되었습니다. 몬테소리는 아이들의 자존감을 높이기 위해서는 아동 중심의 환경에서 이루어지는 학습이 중요하다고 믿었으며, 이 믿음은 아주 혁신적이었습니다. 오늘날, 몬테소리 학교뿐 아니라 모든 학교에서 아동 중심의 환경이 아이들의 발달에 미치는 역할을 인정하고 있지요.

마리아 몬테소리는 아이들을 관찰하면서 아이디어를 얻었으며, 본인이 어떤 교육법을 만들어 낸 것은 아니라고 합니다. 몬테소리의 교육 원리는 아이의 '필요'에 기초하고 있습니다. 스스로 서고, 질서를 유지하고, 존중을 받고, 학습에서 즐거움을 찾고, 무언가 발견하고 싶은 욕구 등에서 나오는 것이지요. 이러한 욕구들은 1909년 처음 관찰되었을 때와 마찬가지로, 아직까지도 아이들의 학습과 깊은 관련이 있답니다.

경험을 통해 배우는 것이 몬테소리 교육의 핵심 원리입니다. 하지만 집 안을 통째로 몬테소리 교실처럼 만들 필요는 없으니 안심하세요. 약간의 재료만 준비하면, 이 책에서 소개하는 활동들을 할 수 있습니다. 교육에 대한 전문 지식이 없어서 걱정이라면, 그 부분도 걱정 마세요! 다음 설명을 잘 읽어 보면, 아이들과 활동을 할 때 반드시 유념해야 할 점을 미리 알 수 있어요.

특히, 무언가 자르는 활동을 하기 전에 아이들에게 가위를 안전하게 다루는 법을 가르쳐 줄 필요가 있습니다. 예를 들면, 가위를 가지고 다닐 때에는 가위의 날이 접혀 있어야 해요. 접힌 가위의 날 부분을 손 전체로 감싸듯이 쥐어야 하고, 다른 사람에게 건네줄 때에는 가위의 손잡이가 받는 사람을 향해야 합니다. 이런 것들을 직접 시범을 보이면서 알려 주는 것이 좋겠지요?

◆ 모든 활동은 성별에 관계없이 아이들에게 적합하기 때문에 '남자아이'와 '여자아이'를 구분하지 않을게요.

◆ 아이가 편안하고 안전하게 활동할 수 있는지 부모님이 주변 환경을 잘 점검해 주세요.

◆ 아이가 부모님의 시범을 확실하게 볼 수 있어야 하기 때문에, 아이를 여러분의 왼쪽에 앉히는 것이 좋습니다. 만약 아이가 왼손잡이라면 여러분의 오른쪽에 앉히는 게 좋아요.

◆ 일관성을 위해 부모님은 오른손을 사용하는 것이 좋지만, 아이가 왼손잡이라면 왼손을 사용하는 것을 권합니다.

◆ 많은 활동이 쟁반 위에서 하도록 되어 있습니다. 아이를 위한 놀이 공간이지요. 아이의 주의가 산만해지지 않도록 무늬가 없는 쟁반을 사용하는 것이 좋아요.

◆ 필요한 재료는 미리 준비해 주세요. 활동 중에 재료가 없으면 아이가 불편함을 느낄 거예요. 그런 활동이라면 의미가 없지요.

◆ 정리 정돈을 하며 활동을 이끌어 주세요. 잘 정돈된 방식으로 재료를 준비하면 아이에게 질서 의식을 심어 줄 수 있답니다.

◆ 재료를 놀이 공간으로 가져오고, 활동이 끝나면 제자리에 가져다 놓아야 한다는 것을 강조해 주세요. 이렇게 하면 '활동 주기'가 만들어지고, 아이는 주어진 일에 집중할 수 있게 됩니다.

◆ 활동의 목표를 명확히 알아 두기 위해, 연습 내용을 꼭 먼저 읽도록 해요.

◆ 아이가 활동을 하는 동안, 부모님은 간섭하지 말고 뒤로 물러 앉아서 관찰하세요.

◆ 상황을 부정적으로 바라보지 않도록 노력하세요. 아이가 활동을 잘 해내지 못하면, 나중 단계에서 다시 시도할 수 있도록 기록해 둡니다.

◆ 아이가 한 가지 활동을 반복하고 싶어 한다면, 하고 싶은 횟수만큼 하도록 두세요. 아이는 반복을 통해서 학습할 수 있답니다.

◆ 공간의 여유가 있다면 아이를 위한 활동 구역을 마련하는 게 좋아요. 어떤 활동이 끝났을 때, 재료나 도구를 안전한 곳에 두면 아이가 원할 때 다시 시작할 수 있어요.

◆ 만약 아이가 어떤 재료를 함부로 쓴다면, 그 활동은 즉시 멈추도록 하세요. 아이에게 이러한 행동을 하면 안 된다는 것을 깨닫게 해 줍니다. 중단한 활동은 나중에 다시 진행할 수 있어요.

◆ 부모님은 항상 아이의 롤 모델이고, 아이는 부모님의 행동을 본보기로 삼는다는 것을 명심해 주세요.

일러두기 ───────

* 원문의 내용을 최대한 살려 번역했지만, 문화나 지역 차이상 이해하기 어려운 부분이나 형식은 저작자의 의도를 해치지 않는 선에서 우리 실정에 맞추어 옮겼음을 밝힙니다.

* 제1장의 경우, 원서에서는 단어 및 이야기 관련 내용이 먼저 등장하지만, 이 책에서는 알파벳과 관련된 활동을 먼저 소개합니다. 한국어판 독자들에게 영어는 모국어가 아닌 점을 감안해, 저작권사와의 합의에 의해 수정이나 삭제 없이 재배열된 것임을 밝힙니다. 참고로 제1장의 원문 순서는 목차에 표시된 놀이 번호 기준으로 5-6-7-8-9-4-10-11-12-13-32-33-34-35-14-16-1-15-2-3-17-18-20-21-22-23-24-25-26-19-27-28-29-30-31 입니다.

자주 하는 질문

활동에 나이 제한이 있나요?

의도적으로 나이를 정할 필요는 없어요. 아이가 어떤 특정 활동을 하고 싶어하지 않는다면, 부모님 입장에서는 혼란스러울 수도 있기 때문입니다. 아이들은 각각 서로 다른 장단점을 가지고 있는 개별적인 존재입니다. 배움의 모든 영역에서 자신감을 갖는 아이는 매우 드물지요. 일반적으로 몬테소리 어린이집에서는 아이들에게 앞부분에 있는 활동을 먼저 소개한답니다. 이런 활동이 나머지 활동을 하는 데 좋은 토대를 만들어 줄 수 있거든요. 4살에서 5살 사이의 아이들에게는 모든 장의 활동들을 선택하여 소개하는 것을 추천합니다. 하지만 예외적으로, 아이가 어떤 주제에 특별한 흥미를 보이는 경우가 있지요. 예를 들어 수학에 관심을 보인다면, 숫자 놀이를 더 많이 하면 된답니다.

활동 순서를 꼭 따라야 하나요?

각 장을 순서대로 진행하는 것을 목표로 하면 좋아요. 순서대로 하는 것이 자연스러운 단계를 따라가기 때문이지요. 하지만, 약간의 융통성을 발휘할 수도 있어요. 아이가 자신 있어 하는 기능(skill)의 활동이 있다면, 나중 단계의 활동이라도 해 볼 수 있겠지요. 필요하다면, 어떤 활동을 해 보고 나서 나중 단계에 다시 할 수도 있는 것이니까요. 아이가 이미 알파벳을 알고 있거나 10까지 셀 수 있다면, 책의 후반부에 나오는 활동을 가르쳐도 괜찮아요. 아이의 자신감을 향상시킬 수 있으니, 복습하는 것이 해로울 건 없습니다.

활동에 단계가 있을 경우, 언제 다음 단계로 넘어가면 되나요?

'더 나아가기' 부분을 활용하세요. 가장 쉬운 것부터 가장 어려운 것까지 순서대로 정렬해 놓았습니다. 아이가 한 가지 활동을 완전히 익히고 나면 혼자서 할 수 있을 정도로 자신감이 생깁니다. 그러면 아이에게 다음 단계의 활동을 제시해 주세요.

아이가 활동에서 어려움을 느끼면 어쩌죠?

아이가 어떤 활동을 어려워하고 혼란스러운 것처럼 보인다면, 그 활동을 할 수 있는 준비가 되지 않았을 가능성이 높아요. 언어 활동과 수학 활동에서는 그런 경우가 특히 많답니다. 우선 여러분이 그 활동의 목적을 완벽하게 이해했는지 생각해 보세요. 또한, 여러분의 시범이 아이가 쉽게 이해할 수 있을 정도로 천천히 그리고 분명하게 진행되었는지도 살펴봐야겠지요.

하루 중 어느 시간이 활동을 하기에 좋을까요?

어른과 마찬가지로 아이들도 하루 중에 활동을 더 잘 받아들이는 시간대가 있습니다. 대다수의 아이들은 오전에 가장 수용적이에요. 그러니 비교적 어려운 활동은 오전에 하는 것이 좋겠지요. 그 밖의 활동들은 어느 때라도 괜찮습니다. 하지만, 오후 중반이 지난 시간대는 권하지 않습니다.

아이가 활동에 반응하지 않을 때는 어떻게 하나요?

아이가 어떤 활동에 흥미를 보이지 않더라도 너무 걱정하거나

아이에게 화내지 마세요. 그냥 그 활동을 멈추고, 활동의 핵심 사항들을 혼자서 살펴보세요. 아이의 흥미를 끌 수 있도록 활동 시범을 보여 주었는지 부모님 스스로에게 물어보세요. 하루 중 적합한 때였는지, 활동의 목표를 잘 이해했는지, 아이는 해야 할 것들을 잘 알고 있었는지, 아이가 그 활동을 할 준비가 되어 있었는지도 잘 생각해 보아야 합니다.

워크시트(Worksheet)는 어떻게 활용해야 할까요?

이 책의 뒷부분에 있는 워크시트를 활용하고자 할 때는 우선 A3 용지처럼 큰 종이에 확대해서 복사하는 것이 좋아요. 이렇게 하면 아이가 연습 문제를 해결하기 위해 활용할 수 있는 공간이 많아지고, 여러 번 반복해서 사용할 수도 있답니다.

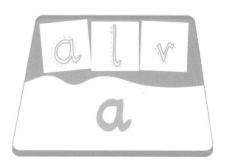

차 례

1장
영어야 놀자

2장
숫자야 놀자

영어야 놀자

아이들은 어른과는 다른 방식으로 언어에 접근합니다. 아이들이 어떤 활동을 재미있게 하고 있을 때, 새로운 단어들을 '흡수'하듯이 받아들여요. 어려운 과업처럼 느끼지 않지요. 아이가 언어에 흥미를 느끼도록 만드는 공식이 정해져 있지는 않아요. 언어에 대한 흥미는 이야기, 시, 또는 노래에 재미를 느끼면서 생기기 마련입니다. 좋아하는 주제에 대해 알아 가면서 생기기도 해요. 이 장에서 소개되는 활동들이 아이들에게 알파벳과 영단어, 그리고 책을 사랑하는 마음을 심어 줄 수 있을 것입니다. 이후에는 독서하는 습관이 자연스럽게 생기겠지요.

소리로 배우는 알파벳

몬테소리 교육법에서는 각 알파벳의 이름보다 알파벳의 소리를 먼저 가르칩니다. 알파벳의 소리를 가르치는 것뿐만 아니라, 알파벳을 쓰는 것과 같은 방향으로 손가락을 따라가게 하는 방법도 가르칩니다. 이번 활동에서는 소금이 담긴 쟁반을 사용할 거예요. 아이들이 소금의 촉감에 반응하면서 글자를 기억하게 도와주거든요. 몬테소리 학교에서는 사포로 글자 카드를 만들어 사용해요. 여러분이 손재주가 있다면, 워크시트 ②의 알파벳을 활용해서 사포 글자 카드를 손수 만들어 볼 수도 있지요. 알파벳을 오려 내어 두꺼운 판지에 붙이면 됩니다.

준비물

☐ 쟁반 2개 (20센티미터×30센티미터)

☐ 쟁반을 반 정도 채울 수 있는 소금

☐ 워크시트 ① (알파벳의 소리를 나타낸 단어 표)

활동 방법

① 아이의 손이 깨끗하고 물기가 없는지 확인하세요. 여러분과 아이가 각각 쟁반을 하나씩 들고 테이블로 이동해요. 쟁반 하나는 아이의 앞에 놓고, 나머지 하나는 여러분의 오른쪽에 놓아요.

② 여러분이 먼저 검지손가락으로 알파벳 'a'를 그립니다. 쟁반의 면적을 전체적으로 사용하여 글자를 그리세요. 워크시트를 참고하여 a가 나타내는 소리를 말하세요. 여러분의 쟁반을 아이에게 넘겨주고, 이렇게 설명해 주세요. "엄마가 만들어 놓은 글자 위를 손가락으로 따라가면서 그리는 거야. 그리고, 입으로 엄마처럼 소리를 내어 보자. (알파벳이 나타내는 소리를 발음하며) 이 글자는 a야."

③ 쟁반을 바꾸어 똑같이 반복하세요. 이번에는 't'로 합니다. 학습

효과를 높이기 위해 두 글자 모두 반복합니다.

④ 쟁반을 모두 아이 앞에 놓고 물어보세요. "엄마한테 a를 보여줄래?", "엄마에게 t를 보여줄 수 있겠니?"

⑤ 그런 다음 쟁반을 바꾸어요. 그리고 이렇게 물어보세요. "a를 따라서 그릴 수 있니?", "t를 따라서 그릴 수 있니?" 그러고 나서 이렇게 물어보세요. "어느 것이 a지?", "어느 것이 t지?", "따라 그릴 수 있을까?"

⑥ a를 가리키면서 물어보세요. "이게 뭐지?" 아이가 알파벳의 이름을 말하고 나면, "어떤 소리가 나지? 입으로 소리를 내어보자. 그리고 손가락으로 쟁반 위에 그려 보자." 이번에는 t를 가리키면서 똑같이 반복하세요.

⑦ 위의 2단계에서 6단계까지를 반복해요. 이번에는 t로 먼저 시작합니다.

더 나아가기

계속해서 나머지 알파벳들의 소리를 소개해 주세요. 항상 앞선 시간에서 배운 글자 2개를 복습하도록 해요. 아이에게 가르쳐 준 알파벳은 기록해 두세요.

TIP

아이가 글자를 따라가면서 그 글자의 소리를 낼 수 있도록 유도하세요.

2

알파벳을 따라 그려요

서로 다른 글자의 기호 문자에 집중하는 활동 두 가지를 소개하고자 합니다. 이번 활동에서는 소금 쟁반 위에 알파벳을 쓰고 나서, 종이의 알파벳과 일치시켜야 합니다. 아이가 글자를 식별하는 데 자신감이 생기면 더 많은 글자로 연습할 수 있어요.

준비물

☐ 워크시트 ②

☐ 종이 알파벳을 담을 바구니 또는 넓은 그릇

☐ 쟁반 (가로 20센티미터×세로 30센티미터)

☐ 소금 (쟁반을 반 정도 채울 정도의 양)

워크시트를 복사하고, 점선을 따라 글자들을 오려 냅니다. 오려 낸 글자들을 바구니 또는 그릇에 담아요. 그리고 쟁반에 소금을 반 정도 채웁니다.

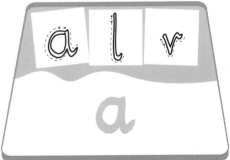

활동 방법

① 아이는 바구니를 들고, 여러분은 소금 쟁반을 들고 테이블로 가져갑니다. 소금 쟁반은 아이 앞에 두고, 바구니는 여러분 앞에 놓아 주세요.

② 바구니에서 알파벳 3개를 선택합니다. 글자들의 모양은 반드시 서로 달라야 해요.

③ 소금 위에 알파벳을 한 줄로 놓아요. 여러분이 그중 하나를 골라서 모양대로 소금 위에 손가락으로 그려 보세요. 그리고 아이에게 이렇게 말하세요. "엄마가 한 것처럼 손가락으로 알파벳 모양을 그려 볼까?" 아이가 글자의 모양을 완성하면, 소금 위에 그린 모양과 일치하는 알파벳을 찾아보게 합니다.

④ 이제 여러분이 또 다른 알파벳 3개를 고릅니다. 엄마가 고르는 동안, 아이는 소금 위에 그린 글자를 문질러서 지우면 돼요. 다양한 알파벳 8개 정도로 위 단계를 반복해 봐요.

3

알파벳의 짝을 맞춰요

이전 활동에서는 한 쌍의 알파벳을 맞추었는데, 이제 3쌍, 6쌍, 마지막으로 8쌍까지 늘려 볼까요? 이 놀이에는 두 세트의 종이 알파벳이 필요합니다.

준비물

□ 워크시트 ②
□ 가위
□ 종이 알파벳을 담을 바구니 또는 넓은 그릇 2개

여러 알파벳을 세트로 사용할 수 있게 복사해요.
세트의 구성은 동일해야 합니다.
각 글자 세트를 바구니 또는 그릇에 담아요.

활동 방법

① 각자 바구니를 하나씩 들고 테이블로 이동합니다. 하나는 아이 앞에 놓고 나머지 하나는 여러분 앞에 놓아요.

② 아이에게 이렇게 말하세요. "앞에 놓인 바구니 안에서 알파벳 3개를 꺼내서 바구니 앞에 한 줄로 놓아 보자." 엄마도 바구니에서 똑같은 글자들을 찾아서 꺼내요. 꺼낸 글자들을 아이 앞에 그냥 쌓아 놓아요.

③ 이제 알파벳 짝 맞추기 놀이를 합니다. 아이가 알파벳 3개를 모두 짝지어 보게 하세요. 짝을 이루는 글자는 오른쪽에 쌓아 놓아요. 활동이 끝나면 글자를 다시 둘로 분리해야 합니다.

더 나아가기

큰 쟁반에 한 세트의 종이 글자들을 알파벳 순서대로 줄지어 배열해요. 나머지 글자 세트는 바구니에 담아요. 아이에게 바구니에서 종이 글자들을 꺼내 쟁반 위에 있는 글자들과 짝을 맞추게 해요. 다음과 같은 식으로 아이에게 약간의 단서를 줄 수도 있어요. "맨 위의 줄을 봐야 할 것 같은데?"

ABC 사냥꾼

이번 활동은 물건으로 하는 숨바꼭질 놀이예요. 각 물건의 이름은 첫 번째 소리가 같아야 해요. 그래야 아이가 알파벳과 글자들이 나타내는 소리에 조금 더 쉽게 익숙해질 수 있어요.

A B C D E F G
H I J K L M N
O P Q R S T U
V W X Y Z

준비물

□ 동일한 소리와 알파벳으로 시작하는 물건 4개

예시: Carrot(당근), Comb(빗), Clip(클립), Cup(컵)

활동 방법

① 아이가 준비된 물건들을 알고 있는지 함께 확인해 보세요.

② 아이에게 이제 물건을 숨길 것이라고 말하세요.

③ 엄마가 물건을 숨기는 동안, 아이는 눈을 가리고 있어야 해요.

④ 준비가 되었으면, 아이에게 "이제 물건들을 찾아보자"라고 이야기해요.

⑤ 아이가 물건을 쉽게 찾지 못하면 단서를 줘도 괜찮아요.

⑥ 물건을 모두 찾으면 놀이는 끝이 납니다.

⑦ 놀이가 끝나면 각 물건과 단어의 첫 번째 알파벳을 연결하면서 복습해요.

둘 이상의 아이들과 함께 이 놀이를 하는 경우, 각 아이들이 물건을 하나씩 가질 수 있도록 해 주세요. 각자 어떤 물건을 찾고 싶은지 물어보는 거예요. 필요하다면 물건을 찾은 아이가 다른 아이를 도와주는 것도 괜찮아요.

더 나아가기

아이가 물건을 찾는 것에 자신감이 생기면 찾아야 하는 물건의 수를 늘려도 좋아요.

아이가 이 놀이를 완전히 이해하고, 알파벳 문자에 익숙해지면 똑같은 알파벳으로 시작하는 물건을 찾는 방식 대신에 알파벳 전체를 훑어 주세요. 먼저 'A'로 시작하는 물건을 아이가 찾도록 하고, 다음에는 'B'로 시작하는 물건을 찾는 식으로 이어서 계속 해요. 이때, 한 번에 알파벳 전체를 모두 하려고 하지 마세요. 하루에 4개 정도만 하고 나서, 다음날 이어서 4개를 하는 게 좋아요.

5

알록달록 색깔 이름

~~~~~~

색깔은 아이들의 마음을 끝없이 사로잡습니다. 아이들이 주변 세계를 알아가는 데에 상당한 역할을 하지요. 그러니 가능한 빨리 색깔의 이름을 가르쳐 주는 것이 좋습니다. 이 놀이는 원색과 보조색을 소개할 수 있는 멋진 방법이에요. 원색을 섞어서 어떻게 보조색을 만드는지 아주 직접적이고 구체적인 방식으로 보여 주거든요.

준비물

□ 원색 물감 (노랑, 빨강, 파랑)

□ 투명 지퍼 백 3개

□ 쟁반

활동 방법

① 물감과 지퍼 백을 쟁반 위에 준비해요.

② 아이가 쟁반을 놀이 공간으로 가져가게 해요.

③ 아이를 향해 이렇게 설명해 주세요.

"이제 물감 섞기 놀이를 할 거야. Yellow(노랑)와 Blue(파랑)를 섞으면 새로운 색깔을 만들 수 있어."

④ 아이가 지퍼 백을 열도록 한 다음 이렇게 말해요.

"지퍼 백 입구를 열어 봐. 엄마가 Yellow 물감을 짜 넣을게."

⑤ 이제 여러분과 아이가 역할을 바꾸어요. 여러분이 노란색 물감 담은 지퍼 백을 들고 있고, 아이가 파란색 물감을 짜 넣게 해요.

⑥ 지퍼 백을 단단히 밀봉하고, 아이에게 물감을 섞게 해요.

"이 안에 있는 물감의 색깔이 변할 때까지 손으로 지퍼 백을 주무르면서 비벼 보자. Yellow 물감과 Blue 물감이 잘 섞여서 Green(초록)으로 변할 거야."

⑦ 방금 했던 단계들을 반복해요. 다른 지퍼 백 안에 물감을 섞어서 다양한 보조색을 만들어요. Blue와 Red(빨강)를 섞으면 Purple(보라)이 되고, Yellow와 Red를 섞으면 Orange(주황)가 만들어져요.

초록색을 만들 때에는 노란색 물감과 파란색 물감을 2:1의 비율로 섞어야 해요.

더 나아가기

색깔 놀이를 계속 해 봐요. 접착식 메모지에 원색의 이름을 따로 적어요. 접착식 메모지의 색깔도 원색으로 준비해요. 아이가 색깔의 이름을 소리 내어 읽을 수 있게 도와주세요. Red(빨강)부터 시작해요. 이제 아이에게 이렇게 말해요. "방에 가서 Red인 물건을 찾아서 Red라고 적은 종이를 붙여 보자." 아이가 원색을 모두 익혔다면, 이제 보조색으로 넘어가요. 무지개의 일곱 색깔을 알려 주는 것도 좋아요.

손뼉을 쳐 봐요

이 놀이는 손만 있으면 돼요. 또, 아이들의 수에 관계없이 할 수 있는 놀이지요. 아이는 이 놀이를 재미있게 하면서 말의 리듬과 패턴을 무의식적으로 배우게 됩니다.

활동 방법

① 아이와 마주 앉아요. 만약 아이가 여럿이면 원형으로 둘러 앉아요.

② 아이의 영어 이름을 소리 내어 말하며 시작 해요. 이름을 말하면서 음절의 수 에 따라서 손뼉을 쳐요. 아이가 여 럿이면 아이들의 영어 이름을 차 례로 부르면서 손뼉치기 놀이를 계 속 해요.

③ 가족과 친구의 영어 이름을 부르면서 음절의 수에 맞게 손뼉을 쳐 봐요.

손뼉치기 대신에 나무 숟가락과 냄비처럼 집에 있는 도구들을 활용할 수도 있어요.

영어의 음절은 모음으로 알 수 있어요. 각 음절에는 모음이 하나씩 포함된답니다. 이름으로 예를 들어 볼게요.

1음절: Tom(T-om) / Ann(A-nn)
2음절: Harry(Ha/rry) / Mary(Ma/ry)
3음절: William(Wil/li/am) / Dorothy(Do/ro/thy)

더 나아가기

아이에게 익숙한 주제와 관련된 단어들로 놀이를 해 봐요. 예를 들면, 좋아하는 동물이나 음식의 이름에 맞춰 손뼉을 쳐도 좋아요. 몇 가지 단어를 예시로 들어 볼까요?

1음절: Cat(C-at)
2음절: Water(Wa/ter)
3음절: Potato(Po/ta/to)

크기와 모양을 맞춰요

이번 놀이는 블록 쌓기를 통해 크기와 모양을 맞춰 보고 정렬하는 활동입니다. 아이는 블록을 옮길 때 가장 큰 블록이 가장 무겁다는 것을 알게 되지요. 그뿐 아니라, 이 놀이를 하면서 Biggest(가장 큰), Smallest(가장 작은), Bigger(더 큰), Smaller(더 작은) 같은 어휘와 개념을 소개할 수 있어요.

준비물

- ☐ 크기가 점차 커지는 블록 10개 (그중 2, 3개는 아이가 양손을 사용해서 옮길 정도로 커야 해요.)
- ☐ 쟁반

활동 방법

① 아이에게 이렇게 말해요. "블록을 놀이 공간으로 옮겨 보자. 엄마를 좀 도와주겠니?"

② 엄마와 아이가 함께 자리에 앉아요. 아이가 블록을 잘 볼 수 있어야 해요.

③ 아이에게 "이제 블록을 쌓아서 탑을 지을 거야"라고 말해 주세요. 가장 크고 넓은 블록을 찾아서 엄마 앞 가운데에 놓아요. 그리고 차례로 탑을 쌓으며, 크기와 관련된 어휘를 말해 주세요. "Biggest 블록을 맨 아래에 놓고, 그 위에는 Smaller 블록을 놓을 거야."

④ 탑을 완성한 후, 아이에게 이렇게 말해요. "이제 엄마가 탑을 무너뜨릴 테니, 네가 다시 블록을 쌓아서 탑을 지어 볼래?" 블록들을 한 번에 하나씩 내려서 아이의 오른쪽에 놓아요. 이제 아이가 블록을 쌓아 탑을 지을 차례입니다.

TIP

아이에게 블록은 한 번에 하나씩 날라야 한다고 알려 주세요. 엄마가 직접 보여 주면서 설명하는 게 좋아요. 큰 블록들을 옮길 때에는 양손을 사용해야 해요. 한 손은 바닥에, 나머지 한 손은 위를 감싸는 것을 보여 주세요.

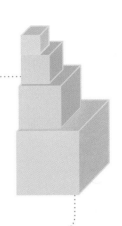

더 나아가기

블록들을 중앙에 놓는 것이 아니라, 한쪽 모서리
선에 맞춰서 쌓아 보아요.

블록들을 가장 작은 것부터 가장 큰 것까지 왼쪽
에서 오른쪽으로 정렬하여 수평 계단을 만들어
보아요.

재미있는 이야기 장갑

역할놀이는 아이에게 이야기를 들려주는 좋은 수단이 될 수 있어요. 이야기가 어떻게 구성되어 있는지 이해할 수 있게 도와주는 효과적인 방법이 될 거예요. 이번 활동에서 낡은 장갑은 스토리텔링을 위한 도구로 변신하게 됩니다. 장갑을 이용하여 아이들이 좋아하는 이야기를 들려주는 역할놀이를 해 봐요.

준비물

□ 워크시트 ⑥의 캐릭터 그림

□ 풀

□ A4 크기의 도화지

□ 연필

□ 색연필 또는 사인펜

□ 가위

□ 동그란 벨크로 스티커

□ 아이가 사용하던 낡은 장갑 1켤레

□ 쟁반 (선택 사항)

활동 방법

① 워크시트를 복사해서 도화지에 붙여요.

② 다른 준비물들과 함께 도화지를 테이블 위에 올려 놓아요.

③ 아이에게 이야기 장갑을 만들 거라고 설명해 주세요.

④ 아이를 향해 이렇게 말해요. "이야기에 등장하는 캐릭터들을 색칠해 보자."

⑤ 캐릭터들을 조심스럽게 오려 내요.

⑥ 동그란 벨크로 스티커를 장갑과 각 캐릭터 그림의 뒷면에 붙여요. 이제 우리가 사용할 이야기 장갑이 준비되었네요.

아이에게 각 캐릭터를 가위로 어떻게 오려 내야 하는지 보여 주세요.
가장자리를 다듬기 위해 약간의 도움이 필요할 수 있습니다.

더 나아가기

아이가 좋아하는 이야기들을 이용하여 자신만의 캐릭터를 만
들어 보세요. 이야기 장갑은 다양한 이야기에 활용할 수 있어
요. 예를 들면, 《염소 삼형제 The Three Billy Goats Gruff 》, 《아기
돼지 삼형제 The Three Little Pigs 》, 《빨간 모자 Little Red Riding
Hood 》 같은 동화가 좋겠네요.

쇼핑을 해 봐요

아마 어렸을 때 '장보기 놀이'를 한 적이 있을 거예요. 장보기 놀이에서는 구입한 물건들의 목록을 기억해야 하지요. 이번 활동은 어린아이들을 위해 준비한 간단한 놀이입니다. 여러 명의 아이들과 함께 하는 것이 가장 좋아요.

준비물

□ 아이들이 좋아하는 물건들
(아이들이 각각 바구니에 넣을 물건을 하나씩
가지고 있어야 해요.)
□ 중간 크기 이상의 바구니
□ 바구니를 덮을 수 있을 만큼 넓은 수건이나 천

활동 방법

① 아이는 바구니를 옮기게 하고, 여러분은 나머지 물건들을 테이블로 옮기세요.

② 아이들이 원형으로 둘러앉게 해 주세요.

③ 아이들에게 'I went to the shop and bought ＿＿＿ . (가게에 가서 ＿＿＿ 을 샀어요.)' 놀이를 할 거라고 알려 주세요.

④ 물건들을 둘러 앉은 아이들 중앙에 놓아요.

⑤ 바구니를 가장 어린 아이에게 먼저 주세요.

⑥ 아이에게 물건 하나를 고르게 해요.

⑦ 아이들이 선택한 물건을 넣어서 말할 수 있게 가르쳐 주세요. 예를 들어, "I went to the shop and bought a teddy bear.(가게에 가서 곰 인형을 샀어요.)"라고 할 수 있습니다.

⑧ 바구니를 다음 아이에게 넘겨줘요. 바구니를 받은 아이는 다른 물건을 집어서 바구니에 담아요.

⑨ 모든 물건이 바구니에 담기면 바구니를 수건으로 덮어요.

⑩ 아이들에게 자신들이 구매한 물건을 기억하는지 차례대로 물어보세요.

⑪ 아이들의 대답을 모두 들은 후에 수건을 바구니에서 걷어내면 아이들은 자신의 답이 맞았는지 확인할 수 있어요.

TIP

아이가 물건의 이름을 기억해 내지 못하면, 약간의 힌트를 주어도 좋아요. 대신에 다른 아이들이 답을 말해버리지 않도록 주의를 주세요.

더 나아가기

아이가 물건의 이름을 기억하는 것에 자신감이 생기면, 아이들이 바구니에 담아야 하는 물건의 수를 늘려 보세요.

10

내가 바로 소설가!

각종 소품은 아이가 스스로 이야기를 만들 수 있게 도와주는 훌륭한 시작점이 되지요. 특히 효과가 좋은 소품들을 소개합니다.

준비물

☐ 예시와 같은 소품들 (예시: 아빠나 엄마의 신발 한 켤레, 다양한 모자들, 'Please open me.(나를 열어 주세요.)'라고 적힌 상자)

활동 방법

① 아이에게 이야기를 만들 것이라고 말해 주세요.

② 여러분이 선택한 소품을 아이에게 보여 주세요.

③ 예를 들면, 아이와 함께 아빠의 신발을 보면서 이렇게 말하는 거예요. "이 Shoes(신발)는 원래 거인의 것이야. 거인이 어떻게 생겼는지 말해 볼래? 거인은 어디에 살지? 거인에게는 어떤 모험들이 기다리고 있을까?"

④ 모자를 선택한다면, 아이에게 모자는 다른 사람의 것인 양 말해 보세요. 그리고 이렇게 질문하세요. "이 Hat(모자)의 주인은 어떻게 생겼는지 말해 볼까? 왜 이 Hat을 쓰는 거지?"

⑤ 아이들은 상자를 매우 열고 싶어할 것입니다. 그래서 이야기를 만들어 내기에 아주 좋은 시작점이 된답니다. 앞으로 어떤 이야기가 펼쳐질지는 상자 속에 든 물건이 결정하지요. 예를 들어서 상자에 반지를 넣어 보세요. 반지는 특별한 힘을 지니고 있다고 설명하면서 이야기를 시작할 수 있어요. 아이에게 이렇게 물어보세요. "이 Ring(반지)에는 어떤 힘이 있는지, 그리고 Ring의 주인은 누구일지 말해 볼까?"

아이들이 이야기를 전개해 나갈 수 있도록 계속해서 유도하는 게 좋아
요. 다음과 같은 질문이 도움이 될 거예요. 여러분은 아이가 이야기를
끝까지 이어갈 수 있게 도와주는 안내자의 역할을 해야 합니다.

"그래서 다음에 무슨 일이 생겼지?"
"(사람들이) 안전하게 돌아왔니?"
"사자를 보았을 때 무서웠을까?"

Once upon
a time...

무슨 일이 있었지?

이번에는 소품들을 이용해서 아이에게 이미 익숙한 동화를 들려주는 활동입니다. 아이들은 앞에 놓인 소품들을 보고 어떤 동화인지 추측하고, 이야기에 나오는 것들을 말하고 몸으로 표현해야하지요. 아이가 가장 좋아하는 이야기를 생각해 보세요. 그리고 아이가 어떤 이야기인지 바로 알아챌 수 있을 만한 물건은 무엇이 있을지도 생각해 봅니다. 여기서는 《금발 머리 소녀와 곰 세 마리 Goldilocks and the Three Bears》를 예시로 들어 볼게요.

준비물

☐ 동화와 관련된 소품들

☐ 다른 크기의 그릇 3개

☐ 숟가락 3개

☐ 죽이나 수프

활동 방법

① 준비한 소품들을 모두 아이 앞에 잘 배열합니다.

② 아이에게 어떤 동화에서 수프 세 그릇이 나오는지 물어보세요. 그릇의 크기가 서로 다르다는 것을 말해 주면 아이가 어떤 동화인지 추측하는 데에 도움이 될 수 있어요.

③ 여러분은 아이에게 이렇게 물어볼 수 있어요. "이 이야기가 왜 《금발 머리 소녀와 곰 세 마리》일까? 이 소녀가 무엇을 했지?"

④ 아이가 동화에 등장하는 모든 주요 사건들을 말할 때까지 계속 물어보세요.

⑤ 아이가 소품을 이용하여 동화에 등장하는 사건들을 몸짓으로 표현해 보도록 해요.

이 놀이를 여러 아이들과 함께 한다면, 모든 아이들이 알고 있는 이야기를 선택해야 합니다.

더 나아가기

이 놀이는 수많은 동화로 응용할 수 있어요. 《빨간 모자》로 예를 들어 볼까요? 소품으로는 모자가 달린 빨간 망토 혹은 점퍼가 필요할 거예요. 할머니에게 가져갈 선물 바구니도 있어야 하지요. 아이에게 어떤 이야기에서 빨간 망토가 나오는지 물어보세요. 그리고 나서 왜 이야기가 《빨간 모자》라고 불리는지, 그리고 꼬마 소녀가 무엇을 하는지 물어보세요. 다시 말하지만, 아이가 이야기 속의 모든 주요 사건들을 말할 때까지 계속 유도하세요.

나만의 스토리보드

이번에는 잡지에서 잘라낸 그림을 활용하여, 아이가 자신의 이야기를 지어낼 수 있는 스토리보드를 만드는 활동입니다. 이 놀이에서는 여러 캐릭터를 등장시키고, 서로 상호작용이 가능하도록 설정하는 것이 중요해요.

준비물

☐ 다양한 잡지들
☐ 유아용 가위, 성인용 가위
☐ 검은색 사인펜
☐ A3 크기의 두꺼운 종이 또는 종이
☐ 풀

활동 방법

① 잡지에서 멋진 그림을 오려 봐요. 우선 페이지를 뜯어서, 아이가 원하는 그림에 표시를 해 주면 도움이 될 거예요.

② 아이가 그림을 10개 정도 모으면, 종이 옆에 잘 펼쳐 놓을 수 있게 도와주세요.

③ 여러 그림들 중에서 사람이나 동물이 있는 것을 찾아요. 사람 그림이라면 이름을 물어보면서 아이의 상상력을 자극하세요. 동물 그림이라면 암컷인지 수컷인지 물어보세요.

④ 아이가 그림을 종이의 왼쪽 상단에 붙이게 해요. 원한다면 그림 바로 밑에 사람이나 동물의 이름을 적는 것도 좋아요. 아이에게 이 그림에 관한 이야기를 만들 거라고 말해 주세요.

⑤ 함께 다른 그림을 보고, 다음에 무슨 일이 생길지 물어보세요. 아이가 이야기를 시작할 수 있도록, 몇 가지 제안을 해도 좋아요.
"이 사람이 휴가를 가고 있니?"
"이 사람이 쇼핑하러 가고 있니?"

⑥ 모든 그림을 종이 위에 한 줄로 붙일 때까지 계속 해요. 공간이 모자라면 줄을 바꾼 다음 이어서 해요.

⑦ 이야기를 아이와 함께 그림별로 요약 정리해요.

이야기를 탐험해요

이야기 지도는 아이들이 이야기를 말하고 이야기가 발생하는 순서를 이해할 수 있게 도와주는 훌륭한 도구입니다. 이야기에는 시작, 중간, 그리고 끝이 있다는 것을 이해하게 됩니다. 이번에도 《금발 머리 소녀와 곰 세 마리》로 놀이를 해 볼까요? 이 동화에는 질감, 온도, 크기를 묘사하는 훌륭한 어휘들이 풍부합니다. 하지만, 아이가 원하면 다른 이야기를 선택해도 괜찮아요.

준비물

☐ A3 종이
☐ 연필
☐ 색연필, 크레용 또는 사인펜
☐ 지우개
☐ 아이가 가장 좋아하는 동화책

활동 방법

① A3 종이를 세로 또는 가로로 테이블 위에 놓고 그림 재료들을
   그 옆에 놓습니다.

② 아이에게 동화책을 가져오게 하고, "지금부터 이야기 지도를
   만들어 보자"라고 말해 주세요.

③ 아이에게 "주인공의 House(집)는 어디에 있지?"라고 질문하
   고 종이에 표시하게 해요. 그 다음에는 "다른 등장인물들은 어
   디에 사니?"라고 물어보고 종이에 표시하게 해요. 다음으로, 두
   집 사이에 Pathway(오솔길)가 있어야 한다고 말해 주세요.

④ 아이에게 "Pathway의 양쪽에는 무엇이 있어야 할까?"라고 물
   어보세요. 아이가 이런 모든 내용들을 종이에 직접 그리면서 색
   깔을 칠하게 해요.

⑤ 지도가 완성되면 아이는 지도를 이야기 도구로 활용하여 원래

이야기를 바꾸어 다시 전달할 수 있게 됩니다. 아마도 "옛날 옛적에…"로 시작할 수 있겠죠?

더 나아가기

《금발 머리 소녀와 곰 세 마리》의 등장인물이 그려진 워크시트 ⑥을 복사한 다음, 색칠하고 오려 내어 카드에 붙일 수 있어요. 각 캐릭터 카드의 하단에 벨크로 스티커를 붙여요. 그러면 이야기를 말하면서 캐릭터 카드를 여기저기 이동시킬 수 있어요.

둥글둥글 지구를 배워요

아이에게 있어서 지도처럼 추상적인 존재도 없을 것입니다. 단단한 땅이 2차원 또는 3차원의 형태로 표현되어 있으니까요. 이번 활동에서는 구체적인 경험을 통해 지리에 대한 이해도를 높이고자 합니다. 아이는 지구본과 세계 지도에 익숙해지면서 그것들이 지구를 나타낸다는 것을 배우고, 땅은 고유한 이름을 지닌 대륙으로 이루어져 있다는 것을 알게 됩니다.

준비물

□ 지구본

□ 세계 지도 (각 대륙이 다른 색으로 표시된 것이 좋아요.)

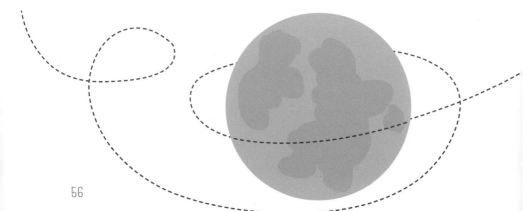

활동 방법

① 아이에게 지구본을 보여 주고 직접 만져 보게 하면서 이렇게 물어보세요. "지구본을 보면 어떤 모양이 생각나니?" 아이는 공 모양이 생각난다고 말할 거예요. 그러면 이 모양을 Sphere(구체)라고 부른다고 설명해 주세요.

② Sphere는 우리가 살고 있는 행성인 지구를 나타낸다고 이야기해 줍니다. 또한 파란색은 Ocean(바다)을 나타내고 색깔이 있는 모양들은 Land(땅)를 나타낸다고 알려 주세요.

③ 우리가 살고 있는 나라를 보여 주세요. 여러분의 고향이나 도시를 말해 주고 나서, 어디에 위치해 있는지 설명해 주세요. 손가락으로 우리나라의 외곽선을 그려 보세요. 아이도 똑같이 따라 하게 해요. 그러면서 우리나라의 이름을 알려 줘도 좋아요. "우리는 Korea(한국)에 살고 있어."

④ 아이가 알고 있을 것 같은 곳을 찾아보세요. 예를 들면, 친척이 사는 곳이나 여행을 간 적이 있는 곳이 좋겠네요. 며칠 시간을 잡고 아이에게 다른 나라들을 알려 주세요.

더 나아가기

아이에게 세계 지도를 보여 주세요. 지구본에서 우리나라를 찾아보게 한 다음에 세계 지도에서 찾아보게 하세요. 만약 아이가 쉽게 찾지 못하면, 우리나라가 속해 있는 대륙의 색깔 같은 단서를 제공해 주세요. 계속해서 아이가 방문해 본 적이 있거나 가 보고 싶은 나라를 찾아보게 해요.

아이가 동물을 좋아한다면 각 대륙에 서식하는 동물에 대해 이야기하는 것도 좋아요. 다양한 동물 그림을 지도 위에 붙여 보세요.

TIP

새로운 나라와 대륙을 가르쳐 줄 때에는 익숙한 목적지를 먼저 복습해 보세요.

쌍둥이 소리를 찾아라!

발음할 때 나는 소리는 단어의 구성 요소입니다. 아이가 이런 소리들을 구별할 수 있어야 단어를 만드는 방법을 배울 수 있어요. 이 놀이는 구체적인 사물을 이용하여 발음 소리를 강조하도록 도와줍니다. 사물의 이름을 발음할 때 나오는 첫 번째 소리를 아이가 자신 있게 식별할 수 있어요. 아이가 소리를 정확하게 들을 수 있도록 천천히 발음해야 한다는 것은 두말할 필요가 없겠지요.

준비물

☐ 첫 번째 발음 소리가 같은 물건 3~4개

☐ 첫 번째 발음 소리가 서로 다른 물건 3~4개

☐ 쟁반 (가능하면 무늬가 없는 것으로 사용해요.)

활동 방법

① 준비한 물건들을 모두 쟁반 위에 올려 놓아요.

② 아이가 여러분의 옆에 앉을 수 있게 합니다.

③ 아이에게 이렇게 설명해 주세요. "엄마가 말하는 것을 잘 듣고, 엄마가 말하는 소리로 시작하는 물건을 찾아보는 거야."

④ 선택한 물건의 이름을 아주 천천히 발음하세요. 그리고 아이는 엄마가 말하는 소리를 따라서 말한 후에 물건을 찾아야 합니다.

⑤ 아이가 물건을 찾으면 물건은 쟁반 옆으로 꺼내 놓게 해요.

⑥ 물건들의 이름을 반복해서 발음하게 해 주세요. 예를 들면, "그 물건의 이름이 뭐지?"라고 물어보면서요.

더 나아가기

아이가 이 놀이에 자신감이 생기면, 물건 이름에서 마지막 소리와 중간 소리를 듣고 구별하는 활동을 해도 좋아요.

TIP
이 활동을 할 때에는 놀이를 시작하기 전에 아이가 물건들의 이름을 모두 아는지 확인하세요. 준비한 물건 중 1, 2개 정도로 시범을 보여 주는 것이 좋아요.

리듬으로 배워요

그동안 스토리텔링을 통해 아이는 언어의 즐거움을 경험할 수 있었을 거예요. 이제 단어의 리듬과 운율을 통해 단어의 소리를 탐구할 수 있어요.

동요

★ 동요의 매력은 보편적이라는 거지요. 어른이 되어서도 어린 시절에 부른 동요들을 기억하는 이유입니다. 아이가 운율의 의미를 이해하지 못한다고 해서 운율을 즐기지 못하는 것은 아니에요. 터무니없는 이미지도 동요의 매력 중 일부거든요. 'Humpty Dumpty(벽에 걸린 험프티 덤프티)'와 같은 노래가 좋은 예입니다.

영상으로 동요를
만나 보세요!

★ 동요는 아이들에게 운율이 맞는 단어들을 소개하고, 아이들은 언어의 매력을 발견하게 되지요. 동화 이야기 속에 나오는 단어들을 활용하여 운율이 맞는 단어들을 더하거나 말도 안 되는 문장을 만드는 놀이를 할 수 있어요. 아이들은 율동을 하면서 동요를 즐기기도 하는데, 운율을 강화할 뿐만 아니라 협응력도 키울 수 있답니다. 아이가 단어의 리듬을 알게 하려면 박수를 치면서 아이와 함께 운율을 말해 보세요.

이야기 만들기

★ 자기만의 이야기를 만드는 활동을 하면, 아이는 이야기가 어떻게 구성되는지 이해할 수 있게 됩니다. 이야기 속의 등장인물, 이름, 사는 곳, 그들에게 어떤 일이 일어날 지에 대해 대화하면서 시작하세요. 이야기를 들려주다가 종종 멈추고 "다음에는 무슨 일이 일어날까?"라고 물어보세요. 이야기가 끝나면 이야기에서 사용한 아이디어에 대해 아이와 토의해 보세요.

단어 만들기 놀이

이번 활동은 '읽기'라는 최종 목표에 다가가기 위해 필수적인 단계입니다. 문자의 발음을 들으면서 아이는 단어를 청각적으로 그리고 시각적으로 완성할 수 있답니다.

워크시트 ②를 A3 용지에 다섯 번 복사해 주세요(이전 활동에서 나온 알파벳을 다시 사용할 수도 있어요!) 점토 접착제를 사용하여 워크시트 한 장을 쟁반에 붙이고, 나머지는 개별 알파벳 글자대로 오려 냅니다. 알파벳 시트와 일치하도록 글자들을 쟁반에 쌓아 놓아요.

워크시트 ③을 A3 용지에 복사합니다. 단어와 그림들을 오려내어 발음 소리 그룹으로 모아요. 각 그룹을 별도의 봉투에 담습니

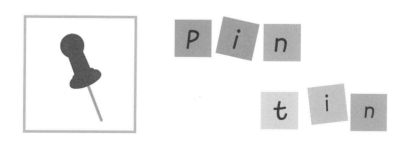

다. 활동을 위해 한 번에 하나의 봉투를 선택합니다. 먼저 그림을 사용하고, 단어는 나중에 사용합니다.

준비물

□ 워크시트 ②

□ 워크시트 ③

□ 가위

□ 종이봉투 2개

□ 넓은 쟁반

□ 접착제

활동 방법

① 여러분이 쟁반을 들고, 아이는 종이봉투 하나를 들고 바닥 위에 옮겨 놓아요. 카펫이 깔린 곳에서 작업해도 좋아요. 단, 무늬가 없는 카펫이 좋습니다. 무늬가 있으면 아이의 주의가 산만해질 수 있거든요. 쟁반을 아이 앞에 놓고, 종이봉투는 여러분 앞에 둡니다.

② 봉투에서 3장의 그림을 꺼내서 아이 앞에 놓고, 아이가 그중 하나를 선택하게 합니다. 'pin(핀)'을 예로 들어 볼까요? 먼저, 아이에게 이렇게 설명해 주세요. "지금부터 종이 글자들로 pin이라는 단어를 만들어 볼 거야." 아이가 그림을 쟁반 바로 아래 왼쪽에 놓을 수 있도록 도와줍니다.

③ 계속해서 다음과 같이 진행해요. "이제 엄마가 이 단어(pin)를

말할 거야. 엄마가 말할 때 입이 어떻게 움직이는지 보면서 잘 들어 보자." 여러분이 단어를 말한 후, 아이에게 이렇게 물어보세요. "엄마가 pin이라고 말했을 때 어떤 소리가 가장 먼저 들리지?"

④ 아이가 엄마를 따라서 단어를 여러 번 말하게 합니다. "엄마가 말하는 것처럼 소리내 보자." 각각의 발음 소리를 천천히 그리고 분명하게 말해야 합니다. 아이가 첫 번째 소리만 강조할 수 있게 도와주세요.

⑤ 아이가 p라고 말하면 알파벳을 모아 둔 쟁반에서 p를 찾아서 단어와 일치하는 그림 옆에 놓게 해요.

⑥ 이제 아이에게 이렇게 말해 주세요. "우리가 방금 p를 찾았구나. 이제 다음 소리를 들어 보자." 앞서 진행한 단계를 똑같이 반복하여 i를 찾고, p 옆에 배치합니다.

⑦ p를 찾은 후, 마지막 소리인 n으로 바로 넘어가도 괜찮습니다. 아이들에게는 단어의 시작 소리와 끝 소리가 훨씬 더 쉽게 들리거든요. 이런 경우에도 동일한 단계로 진행하세요. 대신에 p 옆에 n을 놓을 때 공간을 남겨 두게 합니다. "p옆에 자리를 조금만 남겨 두자. p와 n 사이에 들어갈 글자를 찾아야 하거든." 이렇게 말해 주면서요.

⑧ 이제 아이에게 이렇게 물어보세요. "pin의 마지막 소리를 들을 수 있겠니?" 그리고 아이가 n을 찾아서 p 와 i 다음에 붙여 'pin'을 완성할 때까지 동일한 단계를 진행합니다.

단어를 구성하는 글자들의 개별적인 소리를 주의 깊게 들어야 하는 활동이에요. 단어의 발음을 천천히 명확하게 말하는 시간을 충분히 가져야 합니다.

더 나아가기

두 번째, 세 번째 단어들로 반복해 주세요. 단, tin, lip처럼 동일한 모음 소리를 가지고 있으며 알파벳이 3개인 단어들로 하세요.

만약 아이가 단어 3개를 모두 완성하면, 네 번째 단어를 만들고 싶은지 물어보세요. 아이의 속도에 따라서 단어 수를 점차적으로 6개까지 늘려 보세요.

아이가 모음 소리 하나를 잘 익혔으면 다른 모음으로 진행합니다. 새로운 모음 소리를 배울 때에는 처음 한두 단어를 엄마와 함께 한 후에 전체 6개를 완성하게 합니다.

알파벳 4개로 된 단어들을 소개해 주세요. 워크시트 ④를 참고하여 단어와 그림 카드를 만들 수 있어요.

카드로 배워요

이전 활동에서 사용했던 그림 카드를 다시 사용할 거예요. 그림 카드는 쓰여진 단어를 읽고 이해하는 데 도움이 됩니다. 아이들이 이번 활동을 하기 전에 이전 활동을 꼭 완료할 필요가 있지요. 그렇지 않으면 아이가 힘들어 할 수도 있답니다.

준비물

☐ 그림 카드와 단어 카드 (워크시트 ③ 활용)

☐ 큰 종이봉투

활동 방법

① 그림 카드와 단어 카드 한 그룹을 선택합니다. 예를 들면, 동일한 모음을 가진 단어들을 준비하는 거지요. 그리고 아이가 종이 봉투를 테이블로 가져오게 합니다.

② 아이가 그림 3개를 꺼내서 테이블 가운데에 한 줄로 놓을 수 있게 해 주세요. 그동안에 엄마는 그림 카드에 해당하는 단어 카드를 찾아서 아이 앞에 쌓아 놓으세요.

③ 아이에게 첫 번째 단어를 읽게 하세요. 아이는 개별적인 소리들을 하나씩 천천히 봐야 할 거예요. 아이에게 이렇게 물어보세요. "단어의 첫 번째 글자에서 어떤 소리가 나지?" 그러고 나서, "그 소리로 시작하는 그림을 찾아보자"라고 말해 줍니다. 필요하면 아이에게 각각의 그림을 보여주면서 단어들의 첫 번째 소리를 발음하게 해요. 아이가 단어를 소리 내어 읽으면, 그 단어를 그림 아래에 옮겨 놓으라고 말해 주세요.

④ 아이가 모든 단어들을 소리 내어 읽고, 그림 카드 아래에 단어 카드들을 줄지어 놓을 때까지 동일한 단계를 따릅니다. 아이가 어떤 단어에 막혀서 진행하지 못하면 "이 단어는 나중에 다시 돌아와서 하자"라고 이야기해 주세요. 그리고 그 단어는 모아 둔 단어 카드의 맨 아래로 옮겨 놓고, 마지막에 다시 시도합니다.

아이가 여러분과 함께 큰 소리로 단어를 발음할 수 있도록 이끌어 주세요. 매번 조금씩 빠르게 소리 내어 읽어 주고, 아이가 따라서 읽게 합니다. 그러면 알파벳 글자들의 발음이 섞이며 나오는 소리를 아이가 들을 수 있어요.

더 나아가기

아이가 단어 카드와 그림 카드 맞추기를 자신 있게 할 수 있다면, 그림의 수를 6개로 늘려 주세요. 이전에 사용했던 카드 3개를 다시 사용해도 괜찮아요. 새로운 카드와 익숙한 카드를 섞어서 사용하는 것도 좋기 때문입니다.

아이에게 다른 모음 소리들을 가진 단어를 소개해 주세요.

잃어버린 알파벳

이번에는 단어 안에서 가운데 위치한 소리를 찾는 놀이예요. 물론 이 활동을 어려워하는 아이들도 있습니다. 이 활동을 시작하기 전에, 아이가 알파벳 3개 또는 4개로 이루어진 단어들을 소리나는 대로 읽을 수 있어야 하고, 글씨를 쓰는 활동을 시작한 상태여야 합니다.

준비물

□ A4 용지

□ 연필

□ 자

활동 방법

① 종이의 3분의 2정도 되는 아래 지점에 가로선을 그려요.

② 종이의 아랫부분에 알파벳 3개로 이루어진 단어 6~8개를 두 줄로 적습니다. 도움이 필요하다면 Tip을 참고해도 좋아요.

③ 페이지 상단에 각 단어를 큰 글씨로 다시 씁니다. 이번에는 중
간에 들어가는 알파벳 대신 공백을 남겨 두세요.

④ 각 알파벳의 둘레에 사각형을 그립니다. 사각형 하나에 알파벳
이 하나씩 들어가도록 하는 거예요. 알파벳이 빠진 자리에는 빈
사각형만 있겠지요.

⑤ 이제 아이와 함께 활동을 시작하세요. 아이에게 이렇게 말해 줍
니다. "종이의 아랫부분에 있는 단어들을 하나씩 소리 내어 읽

어 보자." 여러분이 먼저 읽고 아이가 따라 읽는 것도 괜찮아요.

⑥ 그리고 다음과 같이 설명해 주세요. "종이 위쪽에 있는 단어들을 볼까? 아래쪽에 있는 단어들과 똑같은데, 단어에 이가 빠졌네. 엄마랑 같이 빈칸을 채워 보자."

⑦ 여러분이 먼저 첫 번째 단어를 소리 내어 읽은 후, 종이 윗부분에 있는 단어 중에서 일치하는 것을 찾아서 연필로 빈칸을 채웁니다. 찾은 단어들은 아래 단어 리스트에서 지우면 돼요.

⑧ 연필을 아이에게 건네 주세요. 아이가 나머지 단어들을 완성하게 합니다.

TIP

온라인에서 관련된 단어를 많이 찾을 수 있어요. 보통 자음-모음-자음
(C-V-C)으로 구성되어 있는 단어를 활용하지요.
어린아이들은 단어 5개로 시작하고, 점차적으로 수를 늘려 가며 하는
게 좋아요.

더 나아가기

단어의 길이를 3글자에서 4글자로 늘립니다.

중간 소리 대신에 마지막 소리를 지워 보세요.

동일한 알파벳이 빠졌지만, 빠진 알파벳의 위치가 다른 단어
를 선택해 봐도 좋아요.

어구가 무엇일까?

    아이는 이 활동을 재미있어 할 거예요. 의미를 생각하지 않고 어구를 만들어도 괜찮거든요. 이 활동을 통해 아이는 3글자 및 4글자로 된 단어들을 만들고 읽는 것을 배웁니다. 그리고 다음 활동은 어구의 맥락에서 이 단어들을 사용해서 어떻게 문장을 만들 수 있는지 보여 주지요. 또한, 시각적으로 확인해야 하는 단어들을 소개합니다. '소리를 내지 않고' 눈으로 보고 배워야 하는 단어들인데, 예를 들면 'the' 같은 단어들이지요.

준비물

☐ 워크시트 ③에서 알파벳 3개로 된 단어와 그림 카드 세트

☐ 워크시트 ④

☐ 가위

☐ 종이봉투 3개

☐ 색연필

워크시트 ④를 두 번 복사하고 각 열을 다른 색상으로 색칠해요. 관사는 파란색, 동사는 노란색입니다. 단어를 가리지 않도록 연하게 칠해야 해요. 개별 단어들을 오려 내어 별도의 봉투에 담으세요.

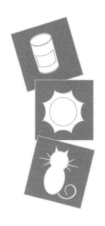

The	sun	sat
A	tin	jumps
	cat	hops
		digs
		runs
		puts

활동 방법

① 종이봉투 3개를 쟁반 위에 놓아요. 아이에게 쟁반을 테이블로 옮기게 하고, 여러분의 왼쪽에 앉게 합니다. 쟁반을 아이 앞쪽 가운데에 둔 채로, 아이에게 이렇게 말해요. "그림 봉투에서 그림 카드 3개를 선택해 보자." 선택한 그림 카드는 아이 앞에 한 줄로 정렬해 놓습니다.

② 여러분은 단어 봉투에서 동사 카드를 모두 꺼내고, 'The', 'A' 카드를 모두 꺼내어 쟁반 위에 세로로 배열합니다. 아이가 선택한 그림과 일치하는 명사 카드 3개도 꺼내 놓아요. 단어 봉투는 여러분의 오른쪽에 두세요.

③ 아이에게 그림 중 하나를 고른 후에 쟁반 아래에 놓게 하세요. 그림을 확인하고, 아이가 관련된 단어를 찾을 수 있게 합니다. (명사가 있는 줄이 어디인지 아이에게 알려 주세요.) 단어 카드를 찾으면 그림 아래에 짝지어 놓도록 이끌어 주세요.

④ 아이에게 단어가 무엇을 하고 있는지 물어보세요. 예를 들어 Cat(고양이)을 선택했다면 "Cat은 무엇을 하고 있니?" 라고 물어보세요. 다음으로 아이에게 동사가 있는 줄을 보여 주고, 동사를 소리 내어 읽게 합니다. 엄마가 먼저 소리 내어 읽고 아이가 따라 읽는 거예요. 그리고 아이는 동사 카드 하나를 선택해서 명사 뒤에 놓으면 돼요. 다른 두 그림 카드도 똑같은 단계를 반복해 주세요.

⑤ 첫 번째 그림으로 돌아가서, 이름이 되는 단어(명사)에는 The 또는 A가 단어 앞에 있어야 한다고 설명해 주세요. 'The frog hops(개구리가 깡충깡충 뛰다)'를 예로 들어 볼게요. 아이가 The 또는 A를 고른 다음, 명사 앞에 붙여서 문장을 완성하도록 도와주세요.(이 단계에서는 The, A와 관련된 정확한 문법을 가르치지 않아도 돼요.) 같은 방식으로 아이가 다른 두 어구에 The 또는 A를 추가할 수 있게 합니다.

TIP
명사의 그림 카드와 단어 카드는 다른 품사와 구분하여 별도의 봉투에 보관하세요.

더 나아가기

아이가 3개의 어구를 만들 수 있게 되면, 같은 모음을 가지는 그림 카드 3개로 더 연습해 보세요. 나머지 모음도 계속 진행하고, 철자가 4개인 단어로도 연습해 봅니다. 항상 3단어씩 모아서 하는 게 좋아요.

문장을 만들어요

아이가 어구 만들기를 자신 있게 할 수 있으면 문장도 만들어 볼 수 있어요. 이번 활동을 통해 아이는 형용사, 전치사, 두 번째 관사, 두 번째 명사를 추가할 수 있을 거예요. 아이가 원하는 대로 문장을 구성할 수 있다는 것이 이 활동의 재미있는 점이지요. 아이가 만든 문장의 의미가 잘 통하지 않아도 괜찮아요. 문장을 만드는 것은 어려운 활동이니, 아이가 완성하면 아주 잘했다고 칭찬해 주세요.

준비물

□ 종이

□ 검은색 사인펜

□ 워크시트 ③, ④에 있는 단어로 만든 단어 카드

활동 방법

① 앞에서 한 활동과 동일한 단계를 따라합니다. 대신 이번에는 어구에 형용사를 추가해요. "형용사는 '설명'해 주는 단어들이야"

The red cat sat

The red cat sat on

The red cat sat on log

The red cat sat on the log

The red cat sat on the log.

라고 알려 주세요. 관사 The 또는 A와 명사의 사이에 빈 칸을 남겨 둬야 해요. Cat(고양이)을 예시로 이렇게 말해 주세요. "이제 우리 Cat을 설명해 주는 새로운 단어를 더할 거야."

② 동일한 방식으로 진행하되, 이번에는 전치사를 추가할 거예요. 아이가 이전 단계를 했으면 이렇게 말해 주세요. "이제 Cat이 어디에 앉아 있는지 알려 주는 새로운 단어를 더할 거야."

③ 이번에도 같은 방식으로 두 번째 명사를 추가할 거예요. 아이가 전치사를 추가한 다음에, 이렇게 말해 주세요. "이제 Cat이 어느 물건 위에 올라가 앉아 있는지 말해 주는 단어를 추가해 보자." 전치사와 명사 사이에는 공간을 남겨주세요.

④ 이전과 같은 방식으로 진행하지만, 이번에는 두 번째 The와 A를 더할 거예요. 아이가 명사를 추가한 후에는 명사 앞에 왜 빈 공간이 있는지 알아차릴지도 몰라요. 만약 그렇지 않다면, 첫

번째 명사와 그 앞에 있는 The 또는 A를 손가락으로 가리켜 주세요. The 또는 A가 필요하다는 것을 아이에게 상기시켜 주는 셈이지요.

⑤ 문장을 구성하고 나면 아이에게 문장이 다 만들어졌다고 알려주고, 문장 완성까지 아이가 지나온 모든 단계를 간략히 복습해 주세요.

TIP

이 활동에서는 단계마다 새로운 개념이 등장합니다. 아이에게 새로운 개념을 소개하기 전에, 이전 단계에서 자신감이 충만해질 때까지 기다려 주세요.

문장의 의미가 온전하지 않아도 괜찮습니다. '문장'이 무엇인지 이해하는 것이 이번 활동의 핵심입니다.

나만의 그림 일기장

일기장을 만드는 것은 아이들이 순서의 개념을 이해하기에 좋은 활동입니다. 이 활동은 휴일에 하기 좋아요. 아니면 주중에 일어난 사건을 간단히 기록할 수도 있지요.

준비물

☐ A4 크기의 스케치북 또는 스크랩북

☐ 풀

☐ 가위

☐ 색연필

☐ 접착 테이프

☐ 투명한 비닐 포장

활동 방법

① 첫 페이지에 'My Diary(나의 일기장)'라고 씁니다. 아이가 직접 쓸 수 있으면 더 좋아요. 각 페이지의 상단에 요일과 날짜를 쓰면서 일주일을 채워 주세요.

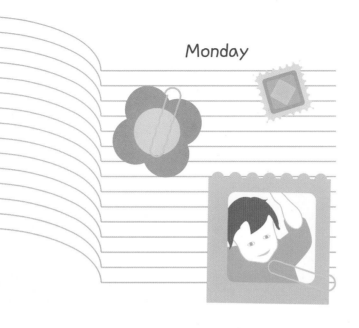

② 아이가 일기장에 넣어둘 수 있는 물건들을 모으는 것을 도와주세요. (엽서, 조개껍질, 나뭇잎, 깃털, 꽃, 포장지, 티켓, 사진 등)

③ 아이가 물건을 수집한 요일에 맞게 일기장에 넣어 두게 해요. 그렇지 않으면 물건을 수집한 요일을 잊어버릴 거예요. 조개껍질이나 깃털 같은 물건들은 작고 투명한 비닐 포장에 담은 후, 입구를 풀이나 스테이플러를 이용하여 봉해 주세요. 아무것도 수집하지 못한 날에는 아이가 그날에 무엇을 했는지 그림을 그려도 좋답니다.

④ 연령이 높은 아이들은 스케치북 아래에 한두 문장을 직접 적어보게 하세요. 일기장이 완성되면 아이와 함께 복습합니다. 각 요일에 무슨 일이 생겼는지, 아이가 기억하는지 확인하는 거예요. 아이가 말을 하기 전에 그림이나 물건을 살펴볼 시간을 주세요.

뚝딱뚝딱 책 만들기

아이가 직접 책을 만들어 보면 이야기가 어떻게 구성되는지 분명하게 이해할 수 거예요. 나비의 일생에 대한 이야기로 책을 만들어 볼까요? 나비의 일생은 자연스러운 생명의 진행을 보여주거든요. 아이가 책을 만들기 전에 '생활 주기'라는 개념을 알아야 해요. 가장 좋은 방법 중 하나는 변화의 단계를 직접 보는 것입니다. 애벌레 알을 구입하여 실제로 키워 볼 수 있어요. 애벌레에게 적합한 먹이와 환경을 제공해 주면, 아이는 이후에 생기는 변화의 단계를 가까이에서 관찰할 수 있답니다. 만약 이 활동이 어려우면, 변화의 단계를 보여 주는 책을 아이와 함께 읽으면 돼요.

준비물

□ 나비의 변화에 관한 책   □ 색연필 또는 사인펜
□ A4 크기의 흰 종이   □ 펀치기 (종이에 구멍을 뚫는 사무용품)
□ 자   □ 실 또는 리본
□ 연필

An egg on a leaf

잎사귀 위에 있는 알

A baby caterpillar

아기 애벌레

A big caterpillar
eating leaves

잎을 먹는 큰 애벌레

A caterpillar
building a
cocoon

누에고치를 만드는
애벌레

A butterfly emerging
from the cocoon

누에고치에서 나오는
나비

A butterfly
drying its wings

젖은 날개를 말리는
나비

활동 방법

① 아이에게 나비의 일생에 관한 책을 만들 거라고 말해 줍니다.
아이가 변화의 단계를 사각형 모양으로 그려 볼 수 있게 도와
주세요.

② 아이가 그림에 색을 칠하고 오려 내게 한 다음, 그림들을 각 페
이지에 붙이게 해요.

③ 연령이 높은 아이들은 각 그림에 관한 문장을 한두 개 적어 보게 하세요.

④ 표지를 만들 수 있게 종이를 하나 더 주세요. 각 종이에 구멍을 뚫고 실이나 리본으로 종이들을 함께 묶어서 어떻게 책으로 만드는지 보여 주세요. 아이가 책 표지를 장식해 보도록 해요.

더 나아가기

에릭 칼의 《배고픈 애벌레 The Very Hungry Caterpillar》는 나비의 일생에 관한 그림책이에요. 애벌레는 막대 사탕과 치즈를 포함한 다양한 먹이를 먹어 치웁니다. 아이는 자신이 고른 먹잇감으로 바꿀 수도 있고, 책에 구멍을 추가하고 싶어할 수도 있어요.

무럭무럭 가족 나무

가계도를 만드는 경험을 통해 아이는 가족 중에서 자신의 위치를 배우고 과거, 현재, 미래라는 개념을 이해하게 됩니다.

준비물

☐ 큰 색지
☐ 하얀 종이
☐ 풀
☐ 색연필
☐ 가족사진

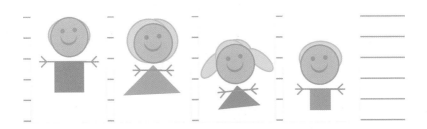

활동 방법

① 아이에게 큰 색지 위에 커다란 나무를 그리게 해요. 종이를 가득 채울 만큼 크게 그리는 게 좋습니다. 아이에게 '가족 나무'를 만들 것이라고 말해 주세요.

② 하얀 종이 위에 각 가족 구성원을 그리거나 사진을 찾아봐요.

③ 아이가 그림이나 사진을 나무에 붙이는 것을 도와주세요. Grandpa(할아버지), Grandma(할머니)는 위쪽에, Mom(엄마), Dad(아빠)는 중간에, Children(아이들)은 아래쪽에 붙입니다. Aunt(이모, 고모), Uncle(삼촌), Cousin(사촌), 심지어 Pet(반려동물)까지 포함시켜도 좋아요.

④ 아이에게 이렇게 말해 주세요. "종이 맨 위에 가족 나무라고 써 보자." 식구들의 이름이나 생일을 추가해도 되고, 그림을 가리키는 화살표를 그려도 좋아요.

신기한 시를 만들어요

이 활동은 연령이 높은 아이를 위한 영어 글쓰기 연습입니다. 아이는 영어가 얼마나 재밌는지 느낄 수 있지요. 시에 쓰인 단어는 시의 주제가 되는 물건(혹은 생물)의 실제 모양이 됩니다. 어떤 주제든 그림시로 만들 수 있어요!

Snail poem (달팽이 시)

달팽이 집처럼 나선형 모양으로 단어를 써 봐요. Slippery(미끈거리는), Slidey(미끄러지는)와 같이 달팽이에 어울리는 단어들을 쓰면 좋아요.

미끈거리고 미끄러운 달팽이가 흔적을 남기면서 미끄러져요.

물에 젖은 거친 파도가
바람을 타고 밀려 와요.

Sea poem (바다 시)

아이에게 파도 모양으로 단어들을 쓰게 해요. Windy(바람이 부는),
Wet(물에 젖은)와 같이 바다와 어울리는 단어를 쓰는 게 좋아요.

은쟁반 같은 달이
은은하게 비춰요

Moon poem (달 시)

아이에게 초승달 모양으로 단어를 쓰
게 해요. 달빛을 연상시키는 단어들을
써 봅니다.

Animal poem (동물 시)

토끼가 깡충깡충 뛰는 것처
럼 동물의 동작을 따라서
단어를 쓰는 거예요.

토끼가 신이 나서 깡충깡충 뛰어와요.

'안녕'이라고 말해 봐!

아이들의 언어 흡수 능력에 대해서는 이미 많은 연구 결과가 있습니다. 여러 가지 언어를 자유롭게 말할 수 있는 아이들을 실제로 많이 보기도 했지요. 어른이나 아이 모두 마찬가지로 새로운 언어를 접할 때에는 간단한 인사로 시작하는 것이 가장 좋은 방법입니다.

준비물

□ 아이가 좋아하는 장난감
□ 세계 지도 또는 지구본

활동 방법

① 아이에게 '안녕 놀이'를 할 거라고 말해 주세요.

② 아이가 가장 좋아하는 장난감과 세계 지도, 혹은 지구본을 가져올 수 있게 합니다.

③ 아이에게 "이제 우리는 세계 여행을 갈 거야"라고 말하고, 방문

할 나라의 이름을 말해 주세요.

④ 지도를 펴고 그 나라가 어디에 있는지 보여 주세요.

⑤ 다음으로, 아이에게 이렇게 말해 주세요. "이제 우리 모두 함께 여기로 여행을 갈 거야. 그러면 그 나라에서 인사하는 법을 알 아야겠지?

⑥ 선택한 나라의 언어로 인사말을 말해 주세요. 그리고, 아이가 장난감에게 똑같이 말해 보게끔 합니다.

TIP

아이에게 세계 지도를 소개해 주는 것은 좋은 생각이에요. 아이가 다른 여러 나라들에 대해 먼저 배울 수 있으니까요.

더 나아가기

아이의 학급에 다른 언어를 말할 수 있는 친구들이 있다면, 어느 나라 언어인지 그리고 그 나라 말로 어떻게 인사하는지 알아보세요.

실제로 여행을 갈 경우에는 'Hello' 뿐만 아니라 다른 표현도 소개해 주세요. 색깔과 음식에 대한 단어를 알려 줘도 좋아요. 간단한 노래를 배울 수도 있겠네요.

고마운 마음을 전해요

제가 교사였을 때, 아이들과 하루를 마무리하면서 "Thank you (고맙습니다)"라고 말할 수 있는 일들을 적어도 5개 이상 세어 보는 시간을 가졌어요. 아이들이 받은 모든 것에 대해 고마운 마음을 갖게 하기 위해서였습니다. 감사 편지를 쓰는 활동은 아이들의 '고마움'이라는 감정을 강화하는 데에 도움이 됩니다. Tip을 참고해서 아이가 적극적으로 참여할 수 있는 상황을 준비해 보세요.

준비물

☐ A5 용지
☐ 종이봉투
☐ 카메라
☐ 연필
☐ 자
☐ 메모지
☐ 사인펜 또는 색연필 (선택)

활동 방법

① 아이가 받은 선물에 대해 아이와 이야기해 보세요.

② 선물과 함께 아이의 사진을 찍고 사진을 인쇄합니다.

③ 메모지 위에 Dear(사랑하는), Thank you(고맙습니다), Present(선물) 등 아이가 편지를 쓰면서 필요할 수 있는 단어들을 몇 개 적습니다.

④ 종이가 편지지처럼 보이도록, 수평선을 여러 개 그립니다.

⑤ 편지에서 말하고 싶은 내용에 대해 아이와 함께 이야기합니다.

⑥ 종이의 아랫부분에 사진을 붙일 수 있는 공간을 남겨 두세요.

그리고 아이가 봉투 앞면에 편지를 받을 사람의 이름을 적게끔
해 주세요.

아이와 함께 문구점에 가서 메모지를 골라 보세요. 아이가 이 활동에
훨씬 더 몰입하게 될 거예요.

더 나아가기

이 활동은 연령이 높은 아이들에게 주소를 쓰는 방법을 알려
줄 수 있는 좋은 기회입니다.

아이들이 왜 자랄수록 선물을 더 좋아하게 되는지, 구체적인
단어들을 활용하여 설명하도록 이끌어 주세요.

이중 자음 배우기

아이가 모든 알파벳을 읽고 발음하는 데 문제가 없다면, 이제는 이중 자음을 소개할 때입니다. 이중 자음은 't'와 'h'가 결합하여 'th'를 형성하는 경우와 같이 2개 이상의 소리가 함께 모여 만들어지는 새로운 소리를 말합니다. 영어는 이중 자음으로 가득합니다. 아이가 이를 배우고 이해할 수 있다면, 읽기 능력은 더 좋아질 거예요. 우선 두 자음이 겹쳐진 것부터 시작해 봐요.

준비물

□ A4 용지

□ 연필

□ 자

□ 약 5센티미터 크기의 색상 카드 2 개

활동 방법

① 종이에 약 8센티미터의 간격으로 6개의 수평선을 그려요.

② 앞쪽에 약간의 공간을 남겨 두고 각 줄에 op, oe, ed, e, ell, eep 을 적어 주세요.

③ 종이, 연필, 카드를 테이블 중앙에 놓습니다. 아이에게 다음과 같이 설명해 주세요. "우리는 알파벳 소리를 모두 배웠지? 이제 는 두 소리를 합치면 새로운 소리가 생기는 것을 배울 거야."

④ 아이에게 이렇게 말해 주세요. "앞에 있는 카드 중 하나에 대문 자 S를 써 보자. 그리고 나머지 하나에는 소문자 h를 쓰는 거 야." 그리고 두 카드를 한데 모은 뒤 이렇게 설명해 주세요. "S 와 h가 합쳐지면, 'Sh'가 만들어지지." 여러분이 직접 입으로 이 소리를 발음해 주세요. 소리를 내면서 입술에 손가락을 대고 강 조합니다.

⑤ 아이 앞에 종이를 놓고 이렇게 말합니다. "조금 전에 적어 놓은 알파벳 묶음 앞에 Sh를 적어 보자. 그리고 Sh로 시작하는 단어 들을 만드는 거야."

⑥ 미리 적어 놓은 알파벳 묶음 앞에 Sh를 쓰게 하여 각 단어를 완 성합니다. 그리고 나서 완성된 단어를 소리 내어 읽게 하세요.

TIP
어린아이들은 단어 3개로 시작해서 6개까지 늘려 봐요.

더 나아가기

이중 자음으로 시작하는 단어들로 먼저 연습한 후, 이중 자음
으로 끝나는 단어들을 연습합니다. 그러고 나서 이중 자음이
중간에 있는 단어들도 해 보세요.

아이가 이중 자음을 3개 이상 배웠다면, 어떤 이중 자음이 단
어의 시작 부분에 적합한지 맞히는 놀이를 해 보세요.

운율을 맞춰요

단어의 운율을 맞추는 것은 아이들이 언어가 어떻게 구성되는지 이해할 수 있는 훌륭한 방법이에요. 아이가 동요를 부르는 것을 한 번 관찰해 보세요. 아이가 운율에 맞춰 단어를 예상하는 모습을 볼 수도 있어요. 이 활동에서 아이는 운율을 맞추는 단어의 구성을 파악하고, 선택한 단어들로 어구 또는 문장을 만들 수 있게 됩니다.

준비물

☐ A4 용지

☐ 연필

☐ 자

활동 방법

① 용지를 가로로 놓은 상태에서 페이지 중앙을 가로지르는 직선을 그립니다.

② 위쪽 절반에 약 5센티미터 간격으로 균일하게 4칸을 만들어요.

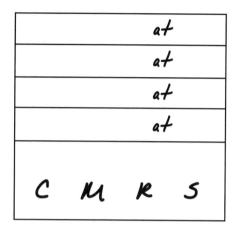

③ 각 칸에 공백을 두고 'at'을 적습니다.

④ 아래쪽 절반에 C, M, R, S를 대문자로 씁니다. 각 알파벳 사이에 균일한 공간이 있어야 해요.

⑤ 아이가 종이 상단에 있는 글자들을 소리 내어 읽게 합니다.

⑥ 아이에게 아래쪽에 있는 대문자 알파벳을 주의 깊게 보라고 한다음, 이렇게 이야기해 주세요.

"아래 알파벳들 중 하나를 골라서 at 앞에 적어 보자. (아이가 알파벳을 at 앞에 적으면) 단어가 완성됐네. 큰 소리로 읽어 볼까? (아이가 단어를 큰 소리로 읽으면) 잘했어. 이제 나머지 단어 3개도 완성해 보자."

더 나아가기

아이가 단어 4개를 자신 있게 읽을 수 있으면 at으로 끝나는 다른 단어들을 생각해 보라고 하세요. 그러면서 아이는 어구나 문장을 구성할 수 있답니다.

다른 모음을 활용하여 이 활동을 반복합니다.

반대말이 있을까?

언어에는 반대말이 스며들어 있습니다. 예를 들면, Black(흑)/White(백), Wide(넓은)/Narrow(좁은), Soft(부드러운)/Hard(딱딱한), Up(위)/Down(아래)처럼이요. 아이들에게 반대말을 가르쳐 주는 것은 어휘를 확장하는 데 아주 좋은 출발점이 됩니다. 아이들이 반대의 개념을 이해하면 Hot - Hotter - Hottest (뜨거운 - 더 뜨거운 - 가장 뜨거운)처럼 더욱 미묘한 의미의 차이를 구별할 수도 있겠지요.

여기에서는 Big(큰)과 Little(작은)을 이용하여 반대말 놀이를 하지만, 이 활동은 다른 반대말에도 대부분 적용할 수 있어요.

준비물

☐ 크고 작은 물건 8~10개
☐ 쟁반
☐ 각 1미터 길이의 실 2줄

활동 방법

① 아이에게 반대말 놀이를 할 거라고 이야기해 주세요.

② 아이가 모든 물건을 쟁반 위에 놓을 수 있도록 합니다.

③ 쟁반을 아이의 앞쪽 가운데 놓아요. 아이가 각각의 실로 쟁반
   양쪽에 원을 만들게 도와주세요.

④ 아이에게 오른쪽 원에는 작은 물건들을 놓고, 왼쪽 원에는 큰
   물건들을 놓을 거라고 설명해 줍니다.

⑤ 2, 3개의 물건으로 직접 시연해 주세요. 나머지는 아이가 찾아

서 놓게 하세요.

⑥ 물건들을 쟁반에 다시 놓고 아이가 처음부터 끝까지 혼자 힘으로 완수하도록 합니다.

TIP
어린아이들은 더 적은 수의 물건으로 시작한 다음, 최대 10개까지 수를 늘려 주세요.

더 나아가기

아이가 '크다'와 '작다'의 개념을 이해했다면 Tiny(아주 작은), Small(작은), Enormous(아주 큰), Huge(거대한)' 등과 같이 크기를 설명하는 다른 단어들을 소개합니다.

아이에게 작은 물건들을 작은 것에서 가장 작은 순서로 배열하게 하세요. 큰 물건들을 큰 것부터 가장 큰 것까지 배열하게 해 보세요.

율동이 있는 노래들은 반대말을 소개하기에 아주 좋아요. 'Incy Wincy Spider(잉키 윈시 스파이더)'는 위와 아래의 개념을 소개하기에 좋답니다.

영상으로 동요를 만나 보세요!

위치를 나타내는 말

아이에게 영어로 이야기할 때, 전치사(On, Under, With, By 등)를 얼마나 자주 사용하시나요? "You will find your coat on the peg next to _____. (코트는 _____ **옆에 있는** 옷걸이에 걸려 있을 거야.)" 이러한 예시에서 알 수 있듯, 전치사는 아이의 어휘에 필수적인 부분입니다. 이 놀이는 전치사를 아주 재미있게 소개합니다. 아이가 '선생님' 역할을 할 거예요. 정말로 좋아하겠죠? 아이는 전치사를 통해 공간적인 거리도 파악할 수 있답니다.

준비물

☐ 부드러운 장난감

☐ 의자

활동 방법

① 아이가 가장 좋아하는 장난감을 가져오게 합니다.

② 아이에게 이렇게 설명해 주세요. "지금부터 새로운 놀이를 알

려 줄 테니까, 잘 들어야 해."

③ 아이에게 이렇게 말해요. "Put the toy **under** the chair. (장난감
을 의자 **밑**에 놔 보렴.)" 여러분이 말하면서 시범을 보여주는 것
도 좋아요. 아이가 장난감을 의자 아래에 두는 것을 보고 나서,
이렇게 말해 보세요. "Put the toy **on top of** the chair. (장난감
을 의자 **위에** 놔 보렴.)"

④ Above(~보다 위에), Below(아래에), Near(근처에), Far(멀리),
Next to(바로 옆에), Against(~에 붙여, 가까이) 등 다른 전치사들
로 계속해 줍니다.

⑤ 아이가 이 활동에 자신감이 생기면, 역할을 바꾸어서 해 봐요. 아이가 엄마에게 장난감을 어디로 옮겨야 하는지 말하게 하는 것이지요.

TIP
어린아이들에게는 이 활동을 하기 전에 '나 따라 해 봐라, 이렇게!' 같은 놀이로 전치사 단어들을 소개하면 좋아요. 아이가 엄마의 동작을 보면서 손을 머리 위로, 무릎 아래로 움직이게 해 보세요.

더 나아가기

두 번째 장난감을 소개하고 아이에게 어떤 장난감이 의자에 더 가까이에 있는지, 더 멀리 떨어져 있는지 물어보세요.

독서 습관 키우기

책을 조심스럽게 다루면 아이의 내면에 이야기와 문학을 사랑하는 마음이 자라나지요. 이러한 태도를 키우는 방법을 소개합니다.

★ 부모님이 모범이 되어야 해요. 여러분이 책을 소중하게 다루는 모습을 보면 아이도 똑같이 할 거예요.

★ 아이에게 여러분이 좋아하는 책들을 보여 주세요. 특히, 어렸을 때부터 좋아했던 책이라면 그 책이 왜 특별한지 설명합니다.

★ 아이에게 페이지를 넘기는 방법을 직접 보여 주세요.

★ 깨끗한 손으로 책을 만지고, 낙서하지 않도록 해 주세요.

★ 연령이 높은 아이들이라면 책은 손쉽게 닿을 수 있는 곳에 있다는 것을 알려 줍니다. 또한 책장에서 책을 어떻게 가져오고, 어떤 식으로 다시 꽂아 두는지 직접 보여 주세요.

★ 도서관에서 사용하는 것처럼 나무로 만든 책 상자를 활용해 보세요. 예를 들면 책의 장르마다 각각 다른 상자에 보관할 수 있겠지요.

어떻게 책을 고를까?

아이들이 읽을 수 있는 영어 책은 아주 많아요. 어디에서부터 시작해야 할까요? 서점이나 도서관에서 책을 고를 때 도움이 될 만한 팁을 알려드릴게요.

★ 아이와 함께 영어 책을 찾아보는 시간을 가능한 한 많이 가져야 해요. 시간이 될 때마다 서점이나 도서관에서 책을 찾아서 읽어 보세요. 아이는 책을 직접 만지면서 탐색하는 즐거움을 경험할 수 있어요. 온라인으로 보는 것보다 훨씬 더 재미있답니다.

★ 아이가 어렵지 않게 볼 수 있도록, 연령대에 맞는 책을 골라야 해요. 만약 스토리텔링을 알려 주려면 아이의 나이보다 1년 반 정도 높은 책을 선택하세요.

★ 짧은 이야기와 긴 이야기를 함께 고르세요. 성장기의 아이라면 매일 밤 잠들기 전에 읽을 만한 책이 있는 게 좋아요.

★ 책에 아이를 놀라게 할 수 있는 그림이나 개념이 있는지 보세요. 잠자기 전에 읽을 책이라면 특히 중요한 부분입니다. 또한 처음

두 페이지만 훑어보고 고르지 않도록 해요. 예상치 못한 결말이 기다리고 있을 수도 있답니다.

★ 아이가 관심을 갖기 쉬운 책을 고르세요. 아이가 평소에 흥미로워 하는 것을 잘 살펴야겠지요. 예를 들면, 동물이나 자동차, 비행기 같은 것들이나 유년기의 우정을 다룬 책들도 좋아요.

★ 판타지와 일상을 다루는 책들을 균형 있게 선택해 주세요. 인간의 다양한 감정을 접하는 게 좋거든요.

★ 일상과 관련된 책들은 '처음 발생하는 상황'을 다루기에 좋아요. 예를 들면, 우리 집에 새로 태어난 아기, 병원에 처음 가는 날, 또는 학교에 처음 가는 날과 같은 상황들이지요. 또한 공룡처럼 아이가 가질 수 있는 관심을 탐색하거나, 우리 주변 세계에 대한 질문에 답해 줄 수 있는 책들도 좋아요.

★ 책에 있는 글자가 돋보이도록 삽화가 적절히 그려진 책을 고르세요. 그리고 소설의 경우에는 이야기의 순서를 잘 따라갈 수 있도록 실마리를 제공해 주는 책이 좋아요.

★ 끝으로, 아이에게 선택할 수 있는 기회를 주는 것이 가장 중요합니다.

이렇게 읽어 주세요 ①

"편하게 앉았지? 그럼 시작해 볼까?" 아이에게 영어로 된 책을 읽어 줄 때에는 항상 이렇게 시작합니다. 편하게 들을 준비가 되어 있을 때 이야기를 더 재미있게 즐길 수 있거든요. 아이에게 책을 읽어 주는 시간을 미리 정해 놓고, 아이에게 책을 읽어 줄 때에는 아이가 편안하게 잘 들을 준비가 되어 있는지 꼭 확인해야 합니다. 쿠션과 부드러운 담요를 이용해서 아이의 방에 작은 '독서 공간'을 꾸며 주는 것도 생각해 보세요.

★ 이야기를 어떻게 읽어 주는지가 중요해요. 아이가 이야기를 따라오면서 이해하는 방식에 영향을 줄 수 있거든요. 아이에게 책을 읽어 주기 전에, 여러분이 미리 읽어 보세요. 이야기가 아이에게 적합한지 확인할 수 있고, 아이의 관심을 끌기 위해 어떻게 시작해야 하는지도 알 수 있거든요. 예를 들면, "이 책은 엄마가 가장 좋아하는 이야기야" 또는 "이 책을 읽으면서 많이 웃었어"라고 말하면서 시작할 수 있지요. 이야기의 시작에 대해

말해 주는 것도 괜찮은 방법이랍니다. "이 책은 꼬마 생쥐가 모험을 떠나는 이야기야. 무슨 일이 벌어지는지 잘 들어 봐"라고 소개하면서 시작하는 거예요.

★ 아이가 무서워할 수 있는 부분이 있다면 아이를 안심시켜 줄 필요가 있어요. 예를 들면, 《빨간 모자》 속 늑대가 나오는 장면에서, 말하는 늑대는 동화 속에서만 존재한다고 설명해 주면 좋겠지요. 비교적 연령이 높은 아이들에게는 이렇게 시작해 보세요. "이 동화는 꼬마 여자아이와 늑대에 관한 이야기야. 엄마 생각에는 꼬마 여자아이가 점점 더 똑똑해질 것 같아. 그럼 무슨 일이 벌어지는지 함께 보자."

★ 이야기가 진행되는 동안에 아이에게 질문을 하기도 하고, 생각을 공유하는 것이 좋아요. 아주 흥미진진한 부분에 다다랐을 때에는 잠깐 멈추고 아이에게 무슨 일이 생길지 물어보세요. 예를 들면, "꼬마 남자아이가 구출될 수 있을 것 같니?" 이렇게 말이지요. '양보하기'와 같이 어린 시절에 아이들이 배워야 하는 일들이 이야기에 나온다면 엄마가 상황에 대해 설명해 주는 것도

좋아요. 이렇게 말이지요. "장난감을 친구들에게 나누어 주지 않고 혼자만 가지고 노는 것은 좋지 않은 거야."

★ 이런 식으로 질문하고 설명해 주다 보면, 아이도 똑같이 하려고 할 거예요. 이때, 아이의 질문과 의견이 이야기의 흐름을 막지 않게 조심하세요. 만약 이러한 상황이 걱정된다면, 아이에게 이렇게 말해 주는 것도 좋아요. "이야기가 어떻게 되는지 계속 읽어 보자. 그리고 이야기가 끝나면 궁금한 것들에 대해 함께 생각해 볼 수 있을 거야." 이야기가 마무리되면, 아이와 대화하는 시간을 가지세요. 아이가 이야기에 대해 어떻게 생각하는지 물어보고 아이의 이야기를 들어 주세요.

이렇게 읽어 주세요 ②

부모님이 읽어 주는 이야기를 좋아 한다면, 아이는 책을 읽을 준비가 된 거 예요. 처음 영어 책을 읽는 아이라면 소리 에 기초해서 읽을 수 있고, 수준별로 잘 구분된 책을 골라 주세요. 각 단계마다 새로운 어휘를 소개할 수 있거든요. 또한 아이가 이미 읽을 수 있는 단어가 많이 나오는 책을 선택하세요. 그러면 이 장에서의 활동처럼, 단어에 기초해서 어구 와 문장이 만들어지는 것을 알게 될 것입니다.

★ 아이에게 새로운 영어 책을 소개할 때에는 긍정적인 태도를 취 하세요. 아이를 격려하는 것이 좋습니다. 아이에게 책의 제목을 말해 주고, 표지의 그림을 보면서 어떤 이야기를 담고 있을지 함께 토론해 보세요.

★ 아이에게 그림을 보면서 시작할 것이라고 말해 주세요. 그림을 먼저 보면 책을 읽기 전에 이야기에 대해 생각해 볼 수 있어요.

★ 아이에게 책을 읽다 보면 이미 알고 있는 단어들이 나올 거라고 말해 주세요. 책을 훑어 읽으면서 아이에게 이미 익숙한 단어들을 확인하세요. 아이가 단어들을 읽어 보도록 북돋아 주세요. 이렇게 하면 아이가 책을 읽을 수 있다는 확신을 갖게 됩니다.

★ 아이가 책을 읽을 수 있도록 시작 부분으로 돌아오세요. 각 단어 아래를 손가락으로 짚어 주면서 아이가 각 글자를 소리 내어 읽게 이끌어 주세요.

★ 아이에게 자신감이 생기면, 단어들을 소리 내어 읽을 필요없이 단어들을 인식하기 시작합니다. 처음 보는 단어들이 나타나면 아이에게 소리 내어 읽어 주세요. 여러 번 반복하다 보면 아이는 결국 그 단어들을 혼자 힘으로 인지할 수 있게 됩니다.

★ 핵심 단어들을 강조하고 싶다면 플래시 카드를 만들어 보세요.

★ 아이가 정말로 그 단어를 알고 있는지 확인하기 위해 그림을 손으로 가리지 마세요. 그림은 아이가 단어를 해독하는 데 도움이 됩니다.

★ 읽기 활동을 10분 이상 진행하지 마세요. 아이에게 질문하고 이야기에 대해 토의하는 시간을 갖는 게 좋습니다.

★ 아이가 책 한 권을 다 읽으면 엄마의 기쁜 마음을 표현하며 칭찬하세요.

★ 읽은 내용은 항상 복습하고 반복하는 게 좋아요. 아이가 자신감을 충분히 가질 때까지 다음 책으로 넘어가지 마세요.

2장

숫자야 놀자

수학은 추상적인 개념이기 때문에, 가능한 구체적인 활동을 제시해야 아이들이 쉽게 이해할 수 있어요. 이 장에 소개되는 활동들은 이러한 몬테소리의 원칙을 따릅니다. 구체적인 예시로 시작해서 추상적인 개념까지 이해하도록 진행한답니다. 부모님은 종종 아이들이 숫자를 재미있어 한다는 사실에 깜짝 놀라기도 하지요. 아이들은 수학 문제를 마법의 주문처럼 보기도 해요. 2 더하기 2는 항상 4를 만든다는 사실에 안정감을 느끼기도 하지요. 또한 아이가 수학을 배우고 있다는 사실을 눈치채지 못할 정도로 몰입할 수 있는 숫자 놀이도 있답니다.

쌍둥이를 찾아봐요

준비한 물건을 같은 종류끼리 분류하는 간단한 활동을 할 거예요. 아이가 이 개념을 이해하면 물건을 색상, 모양 및 크기별로 정리하는 활동을 진행해도 좋습니다.

준비물

☐ 작은 물건 세트 4개 (연필, 구슬, 단추 등 같은 종류의 물건으로 한 세트를 구성해요.)

☐ 바구니 또는 물건들을 담아 둘 만한 용기

☐ 약 50센티미터 길이의 끈 4개

활동 방법

① 아이와 함께 바구니를 들고 카펫이 깔려 있는 방바닥이나 넓은 테이블로 이동합니다. 아이를 여러분의 옆에 앉히고, 바구니를 아이 앞에 놓아요. 그리고 아이에게 "바구니에 어떤 물건이 있지?"라고 물어보세요. 그리고 나서 지금부터 할 놀이를 다음과

같이 이야기해 줍니다. "물건들이 모두 뒤죽박죽 섞여 있네. 같은 종류끼리 모아서 정리해 보자."

② 바구니 주변에 끈으로 동그라미를 만드세요. 그리고 여러분이 같은 종류의 물건들을 동그라미 안에 넣는 것을 아이에게 보여 주세요.

③ 이제 아이의 차례입니다. 여러분이 한 것처럼 같은 종류의 물건들을 각각의 동그라미 안에 정리하도록 유도해요. "엄마가 한 것처럼 같은 종류의 물건들을 동그라미 안에 넣어 보자."

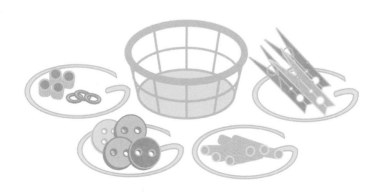

1에서 10까지 세어요

몬테소리 교육에서 숫자 막대는 각 숫자가 나타내는 양을 가르치는 데 사용됩니다. '더 나아가기' 활동에서는 숫자를 정렬하는 연습을 소개하고 있어요. 활동의 진행에 따라 언어도 바뀌는데, 이는 아이가 양의 개념을 이해하도록 도와줘요.

준비물

☐ 워크시트 ⑤의 숫자 막대

☐ A3 용지

☐ 두꺼운 보드지

☐ 쟁반

워크시트를 A3 크기로 확대해서 복사해요. 여러 개로 나뉜 칸들을 파란색과 빨간색으로 칠해 주세요. 첫 번째 막대는 1칸을 차지하고, 두 번째 막대는 2칸을, 세 번째 막대는 3칸을 차지해요. 칸마다 파란색과 빨간색을 번갈아서 색칠해 줍니다. 완성된 막대는 잘라서 보드지에 붙여 봐요.

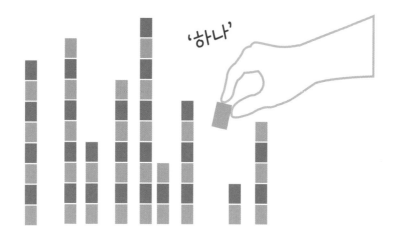

'하나'

활동 방법

① 1, 2번 막대를 올려 둔 쟁반을 아이가 테이블로 옮기게 해요.

② 1번 막대를 가져다 아이 앞에 놓아요. 엄마가 막대 위에 검지손 가락을 살짝 대고 아이에게 "하나"라고 말해 주세요. 2번 막대 로 동일하게 반복합니다. 아이는 엄마가 말하는 숫자를 소리 내 어 따라 읽도록 해야 합니다. 1번 막대와 2번 막대 모두 두 번 더 반복합니다.

③ 아이 앞에 두 막대를 모두 놓고 이렇게 질문하세요. "하나를 가 리켜 볼래? 하나라고 생각하는 것에 손가락을 올려 놓아 보자." 2번 막대로 반복하고, 막대의 위치를 바꾸어 똑같이 반복합니 다. 대신에 이번에는 이렇게 말하세요. "엄마한테 하나/둘을 (를) 보여 줄래?" 세 번째로 반복할 때에는 "어느 것이 하나/둘 (이)지?"라고 물어보세요.

④ 1, 2번 막대를 모두 아이 앞에 놓아요. 엄마가 손가락을 1번 막대에 대고, "이게 뭐지?"라고 물어보세요. 아이가 "하나"라고 대답해야 합니다. 이제 2번 막대에 손가락을 대고 "이게 뭐지?"라고 물어보세요. 아이는 "둘"이라고 대답해야 합니다.

⑤ 아이가 막대의 수를 큰 소리로 세어 보게 하세요. "하나, 둘"처럼요. 여러분이 시범을 보여 주는 것도 괜찮아요.

⑥ 막대의 위치를 바꿔서 같은 단계를 두 번 더 반복합니다.

TIP

아이가 항상 숫자를 가리키면서 큰 소리로 말하게 해야 합니다. 아이가 숫자의 이름을 기억하지 못하면 이전 단계로 돌아가세요.

더 나아가기

숫자 막대를 사용하여 최대 10개의 수를 가르쳐요. 3, 4, 5, 6, 7, 8을 먼저 소개하고 마지막에 9, 10을 소개해요. 매번 이전에 배운 숫자들을 복습합니다.

아이가 숫자를 인식하기 시작하면 물건의 모음을 세어 봅니다. 이전 활동에서 모아 놓은 세트를 사용해도 좋아요. "어느 동그라미에 물건이 가장 많지?", "어느 동그라미에 물건이 가장 적지?", "물건의 수가 같은 동그라미는 어떤 거지?"라고 물어보세요.

빨랫줄에 대롱대롱

최대 10개까지 수량의 개념을 강화하는 활동을 할 거예요. 이 활동을 하려면 작은 물건들이 많이 필요해요. 엄마가 물건의 수를 '세어 올라갈' 때 아이를 참여시키는 것이 좋아요. 아이가 방을 가로지르며 줄지어 매달고 싶어할 물건들을 찾아보세요.

준비물

□ 크고 투명한 주방용 비닐봉지 10개

□ 빨래집게 10개

□ 1개에서 10개까지 물건 모음

(예시: 작은 곰 인형 1개, 장난감 자동차 2개, 깃털 3개, 조개껍질 4개…)

□ 긴 줄 (방을 가로지를 정도의 길이)

□ 쟁반

활동 방법

① 준비한 물건들과 비닐봉지, 빨래집게를 모두 쟁반 위에 올려 놓아요. 아이가 쟁반을 테이블로 옮기게 합니다. 그리고 준비물이 잘 보이는 자리에 아이를 앉혀 주세요.

② 아이에게 1부터 시작해서 10까지 숫자 빨랫줄을 만들 거라고 알려 주세요.

③ 아이에게 다음과 같이 설명해 주세요. "준비한 물건들을 같은 것들끼리 모아 보자. (아이가 물건을 분류하면) 하나만 있는 물건을 찾아서 봉지에 담아 볼까?"
여러분이 비닐봉지의 입구를 잘 말아서 빨래집게로 밀봉하는 방법을 보여 주세요. 밀봉한 비닐봉지는 테이블 위에 잘 올려 두면 됩니다.

④ 이제 아이에게 다음에 오는 숫자가 무엇인지 물어보세요. 아이가 기억하지 못한다면, 아이에게 물건 2개를 주고 세어 보게 합니다. 아이의 기억을 이끌어 낼 수 있어요.

⑤ 같은 물건이 2개인 묶음을 찾아서 비닐봉지에 담은 후에 집게로 묶게 하세요. 나머지 물건들로 10개까지 동일한 단계를 반복합니다.

⑥ 아이에게 비닐봉지를 매달아서 숫자 빨랫줄을 만들 거라고 말해 주세요. 봉지들을 쟁반 위에 올려 놓아요. 쟁반을 들고 줄이 있는 곳으로 이동합니다. 아이와 함께 봉지들을 줄에 매달아요. "물건이 1개 들어 있는 비닐봉지를 찾아 줄래?"

아이가 찾아서 건네면 여러분이 비닐봉지를 왼쪽에 매달아요.
물건을 담은 비닐봉지를 1에서 10까지 모두 매달 때까지 반복
합니다.

TIP

빨랫줄은 아이가 물건을 볼 수 있을 정도의 높이로 걸어 놓아요. 줄이
장애물이 되지 않도록 주의하세요. 비닐봉지의 크기에 맞고, 너무 무겁
지 않은 물건들을 사용하세요.

숫자의 순서를 배워요

이번에는 0에서 10까지의 숫자와 순서의 개념을 강화하는 데 도움이 되는 놀이입니다. 아이가 수에 대해 얼마나 자신감을 가지고 있는지도 볼 수 있어요. 아이는 '이전(앞)'과 '이후(뒤)'라는 단어의 사용을 연습할 수 있어요.

준비물

☐ 넓은 카드 종이
☐ 검정 사인펜
☐ 가위

카드에 0에서 10까지의 숫자를 적어요.
숫자 사이의 공간을 유지해야 정사각형으로
잘 오려 낼 수 있어요.

$$0\ 1\ 2\ 3\ 4\ 5\ 6\ 7\ 8\ 9\ 10$$

활동 방법

① 카드에 0에서 10까지의 숫자를 적은 후에 숫자들을 정사각형으로 잘 오려 내요.

② 아이에게 숫자 카드를 테이블로 가져오라고 해 주세요. 숫자를 아이 앞에 순서대로 놓습니다. 왼쪽에서 오른쪽으로 한 줄로 정렬시켜야 해요.

③ 아무 숫자 하나를 가리키면서 아이에게 그 숫자가 몇 번인지 물어보세요. 그런 다음 그 숫자의 앞과 뒤에 있는 숫자도 물어보세요.

④ 아이가 모든 숫자를 다룰 때까지 다른 숫자들을 가리키면서 여러 번 반복해요. 아래와 같은 질문들도 할 수 있습니다.

"8과 10 중에서 어느 것이 더 큰 숫자일까?"

"3과 4 중에서 어느 것이 더 작은 숫자일까?

TIP

어린아이들은 5까지 먼저 연습한 뒤, 나중에 10까지 진행합니다.

더 나아가기

아이가 숫자의 순서에 자신 있어 하면 이 놀이를 반복하세요. 대신에 이번에는 앞뒤에 있는 숫자 카드를 뒤집어 놓아요. 그러면 아이에게 숫자가 보이지 않지요. 아이가 그 숫자들을 추측해서 말하면 숫자 카드를 다시 뒤집어서 맞는지 확인해요. 숫자들을 순서대로 왼쪽에서 오른쪽으로 배열해요. 순서대로 배열된 숫자 카드 중에서 3개를 빼낸 다음, 아이 앞에 뒤집어 놓고 이렇게 해 보세요. "카드를 하나 뒤집어 보자." 아이가 카드 하나를 뒤집으면 "그 숫자가 어디에 들어가야 할까?"라고 합니다.

나머지 숫자 카드 2개로 반복해 주세요. 아이에게 자신감이 생기면 더 많은 카드를 빼내어 반복합니다.

10이 넘는 수를 세어요

몬테소리 교육에서는 10이 넘는 숫자를 금색 '구슬 막대'로 소개합니다. 구슬 막대에는 10개의 구슬이 꿰어져 있어서 10을 나타내요. 단위는 각 숫자별로 구분된 구슬의 색으로 표시합니다.

이번 활동은 이 개념을 그대로 따를 거예요. 단, 10을 나타내는 구슬 막대는 파이프 클리너에 구슬을 꿰어서 사용합니다. 이전 활동과 마찬가지로 수량을 먼저 소개하고 나서 숫자를 소개해 봐요.

준비물

☐ 파이프 클리너 (혹은 반짝이 철사)

☐ 구멍이 있는 구슬 10개

☐ 구슬 10개 또는 색이 다른 단추 10개 (단위를 나타내는 용도)

☐ 구슬을 담을 그릇

활동 방법

① 파이프 클리너를 테이블 중앙에 놓고, 구슬을 그릇에 담아 왼쪽

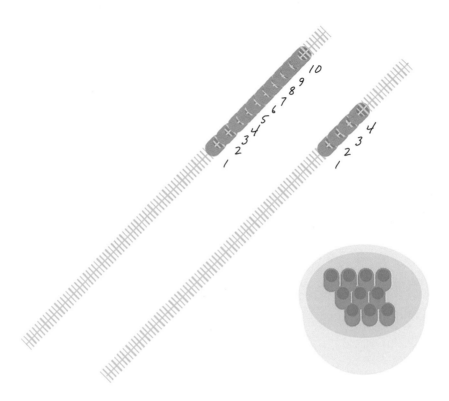

에 놓아요.

② 아이에게 10보다 큰 숫자를 배워 볼 거라고 설명합니다.

③ 아이가 같은 색의 구슬 10개를 파이프 클리너에 꿴 후, 테이블 중앙에 놓을 수 있게 해요. 10개의 구슬을 꿰어 만든 막대는 숫자 10을 나타낸다고 설명해 줍니다.

④ 아이에게 10에서 15까지의 숫자를 큰 소리로 세어 보게 합니다. 이렇게 하면 순서를 기억할 수 있어요.

⑤ 어떤 숫자가 10 뒤에 오는지 물어보세요. 물론 아이가 11이라고 대답할 수 있기를 바라요.

⑥ 아이가 테이블 위에 있는 구슬 하나를 집어, 10을 나타내는 막대의 오른쪽에 놓게 해요. 그리고 "10에 1을 더하면 11이 되는 거야"라고 설명해 주세요. 계속 구슬을 하나씩 꺼내서 5단계와 6단계를 반복합니다. 12에서 15까지 세어 본 뒤 멈춰 주세요. 16에서 20은 다음번에 하는 게 좋아요.

TIP

어린아이들이나 자신이 없어 하는 아이들에게는 한 번에 새로운 숫자 3개씩만 소개해요. 다음 숫자들을 소개하기 전에 앞서 배운 숫자들을 복습합니다.

더 나아가기

아이가 11에서 20까지 잘 셀 수 있으면 숫자 카드를 이용하여 숫자를 소개해 주세요. 39번 활동을 참고하면 돼요. 0을 나타내는 카드를 왼쪽에 둔 채로 같은 단계를 반복합니다. 단위 카드는 오른쪽에 두세요. 숫자 1에서 10까지 순서를 맞추는 활동과 동일하게 진행하세요.

손끝으로 숫자 느끼기

7세 미만의 어린이는 감각이 아주 발달하는데, 특히 촉각이 그렇습니다. 숫자를 따라가는 활동은 아이의 감각에 의존합니다. 소금 위에서 손가락으로 숫자를 쓰는 연습을 하기 때문이지요. 아이가 숫자를 쉽게 쓰고 지우고, 다시 쓸 수 있는 것도 이 활동의 장점이랍니다.

준비물

□ 철제 트레이 (A4 용지 정도 크기가 가장 좋아요.)

□ 깊이가 얕은 쟁반

□ 소금

□ 0에서 10까지의 숫자 카드 (39번 활동 참고)

□ 쟁반

활동 방법

① 철제 트레이를 쟁반 위에 올려 놓아요. 철제 트레이의 가장자리

로 떨어지는 소금이 바닥에 떨어지지 않고 쟁반에 담길 거예요.
그리고 철제 트레이 위를 소금으로 얇게 덮습니다.

② 숫자 카드가 왼쪽에 오도록 쟁반을 테이블 중앙에 놓아요.

③ 아이에게 소금 위에서 숫자 모양을 따라 그리는 연습을 할 것
이라고 설명해 주세요.

④ 아이가 숫자 카드에서 하나를 고르게 해요. 선택한 숫자 카드를
쟁반의 머리맡에 놓아 두라고 하세요.

⑤ 선택한 숫자의 모양을 소금 위에 그릴 수 있게 아이를 이끌어
주세요. 해당 숫자로 적어도 3번은 연습하는 게 좋아요.

⑥ 해당 숫자 카드를 옆으로 치우고 다른 카드를 고르게 하세요.
한 번에 3~5개의 숫자로 연습해 봐요.

TIP
어린아이들의 경우 한 번에 2~3개의 숫자로 연습하고, 다음에 시작할
때 지난번에 한 것을 복습하세요.

더 나아가기

아이가 준비되면 같은 방법으로 두 자리 숫자를 연습할 수 있
습니다.

빠진 곳을 채워요

아이들은 반복을 통해서 배웁니다. 확실히 숫자의 순서를 배울 때는 반복하는 것이 좋지요. 다른 몬테소리 활동처럼 수량의 개념으로 시작하지만, 이번에는 도미노 세트를 활용할 거예요. 수량의 개념을 다 익히면 숫자를 이용해서 진행합니다. 그리고 나서 둘을 결합한 활동을 할 거예요.

준비물

☐ 도미노 세트

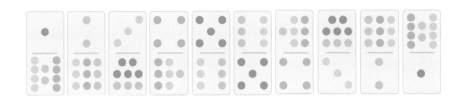

활동 방법

① 1에서 10까지의 순서대로 왼쪽에서 오른쪽으로 도미노를 펼쳐
   놓아요.

② 2의 배수(2, 4, 6, 8, 10)를 빼내어 순서가 지정된 도미노의 왼쪽
   에 무작위로 배치하세요.

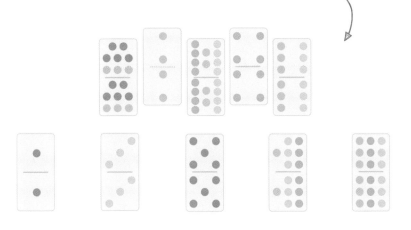

③ 아이가 직접 빼낸 숫자들을 채워 넣어 도미노 순서를 완성하게
   합니다.

④ 아이에게 1과 3에 해당하는 도미노 점을 세어 보게 하세요. 아
   이는 2가 빠졌다는 사실을 발견할 거예요.

⑤ 아이가 왼쪽에 있는 타일에서 2번 도미노를 찾아 순서에 맞게 넣게 하세요.

⑥ 앞의 단계를 반복하여 숫자 4, 6, 8, 10을 찾아서 제자리에 넣습니다. 올바른 순서를 완성해 봐요.

TIP

어린아이들의 경우, 짧게 배열하여 6개까지 하고 나서 10개까지 늘리세요.

더 나아가기

이 활동을 반복합니다. 이번에는 3의 배수로 연습해 본 다음, 임의의 수로 해 봐요. 만약 아이가 숫자에 자신감이 있다면 10이 넘는 숫자로 진행해 보세요.

더 많을까? 더 적을까?

대부분의 아이들은 '~보다 많다'는 개념을 특히 음식과 관련하여 이해합니다. 수학에서, 아이들에게 '~보다 많다/적다'의 개념을 소개하는 것은 덧셈, 뺄셈과 같은 까다로운 연산을 준비하기 위해 좋은 활동입니다. 앞선 활동들과 마찬가지로, 수량의 개념으로 시작한 다음 숫자를 사용하는 활동으로 진행할 거예요.

준비물

□ 작은 물건들 10~20개 (예시: 단추, 나사 등)
□ 쟁반 또는 그릇

활동 방법

① 준비한 물건들을 모두 쟁반이나 그릇에 담아요. 아이에게 쟁반을 테이블로 가져오게 합니다.

② 아이에게 '~보다 많은' 것에 대해 생각해 보자고 말하세요.

③ 아이가 물건의 개수를 세어 보게 하고, 5 미만의 수를 선택하게

해요.(첫 번째로 선택한 수)

④ 아이가 자신이 선택한 수보다는 많지만, 10을 넘지 않는 수를 선택하게 해요.(두 번째로 선택한 수) 그리고 나서 그 숫자만큼 물건을 세어 보게 하세요.

⑤ 아이에게 두 번째에 선택한 수가 첫 번째에 선택한 수보다 많다고 말해 주세요. 만약 첫 번째에 3개를 선택했고, 두 번째에 7개를 선택했다면 이렇게 말하면 돼요. "3개를 선택하고 7개를 선택했구나. 7개는 3개보다 많단다."

⑥ 물건들을 치우고, 다른 숫자로 반복합니다. 이번에는 "내가 5개를 선택했어요"처럼 자신이 선택한 개수를 큰 소리로 말하게 합니다. 여러분이 먼저 말하고, 아이가 따라하도록 이끌어 주세요.

⑦ 아이가 '~보다 많다'의 개념을 확실하게 이해했으면, '~보다 적다'의 개념을 소개합니다. 이번에는 첫 번째 숫자는 5보다 많은 숫자를 선택하고, 두 번째는 5보다 적은 숫자를 선택하게 해요. 만약 아이가 첫 번째로 8개를 선택하고, 두 번째로 2개를 선택했다면 이렇게 말해 주세요. "8개와 2개를 골랐구나. 2개는 8개보다 적단다."

TIP
어린아이들은 1에서 6 사이의 숫자를 활용하는 게 좋아요.
'~보다 많다'와 '~보다 적다'의 개념을 한 번에 소개하지 마세요.

처음에는 도미노 세트를 활용해 봐요. 이후 아이가 수량의 개념을 이해하게 되면, 숫자로 바꾸고 수직선이나 눈금자를 사용하세요.

'~보다 큰/작은'과 같이 비슷한 표현들을 가르쳐 주세요.

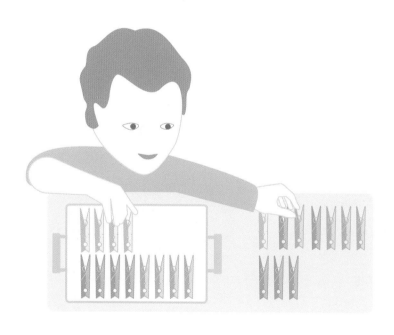

무늬에 규칙이 있어요

이제 무늬를 이해하고 직접 만들어 볼 거예요. 이는 수학적인 능력을 발달시키는 데 필요한 기반이 될 수 있어요. 순서를 맞추는 것뿐 아니라, 더 복잡한 숫자 연산도 수행할 수 있는 기본 능력을 키워줄 수 있답니다. 2개의 도형으로 시작해서, 4개까지 늘려 볼 수 있어요. 색깔에 대한 규칙을 포함하는 것도 괜찮아요.

준비물

☐ 색종이

☐ 가위

☐ A4 용지

☐ 풀

☐ 연필

☐ 눈금자

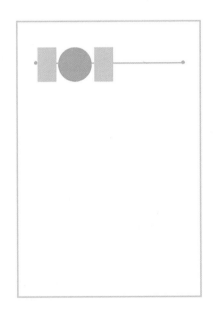

활동 방법

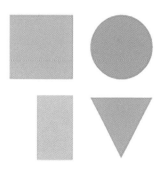

① 색종이를 원, 정사각형, 직사각형 및 삼각형 모양으로 오려요.

② A4 용지를 여러분의 앞에 세로 방향으로 놓고, 도형들을 왼쪽에 펼쳐 놓아요. 종이의 상단에 약 18센티미터 길이의 수평선을 그립니다. 패턴이 들어갈 위치를 알려 주는 선이지요.

③ 아이에게 자신이 선택한 모양 2개를 사용하여 규칙적인 무늬를 만들 것이라고 설명해 주세요.

④ 아이가 서로 다른 모양을 선택하게 하고, 도형들이 선의 시작점에서 어디로 가야 하는지 보여 달라고 하세요.

⑤ 아이에게 선을 다 채울 때까지 규칙적인 무늬를 넣고, 도형들을 풀로 붙여 고정시켜 보라고 이야기해 주세요.

⑥ 첫 번째 선 아래에 다른 선을 그립니다. 이번에도 아이가 모양이 다른 도형들을 2개 선택하도록 해요. 같은 방식으로 규칙적인 무늬를 완성해 줍니다. 아이가 원한다면 3번째 무늬를 만들어도 좋아요. 활동을 마무리할 때, 규칙적인 무늬에 대해 설명할 수 있도록 이끌어 주세요. "지금까지 규칙적으로 반복되는 무늬를 만들었어. 그럼, 어떤 규칙이 있는지 말해 볼까?"

어린아이들의 경우, 모양이 다른 구슬이 달린 목걸이를 사용하여 규칙이 있는 무늬가 무엇인지 보여 주세요.

아이가 엄마를 도와서 도형을 함께 자르도록 해 보세요.

더 나아가기

3개 또는 4개의 대조되는 모양을 사용하여 무늬를 만들어요.

다양한 모양과 색상을 사용하여 무늬를 만들어도 좋아요.

아이에게 집 안과 밖에서 규칙적인 무늬를 찾을 수 있는지 물어보세요.

도형을 찾아라!

　아이들은 대부분 숨바꼭질 놀이를 좋아합니다. 이 활동에서 아이들은 숨겨져 있는 도형들을 찾아야 해요. 기본적인 도형부터 시작해서, 더 복잡한 도형까지 확장할 수 있어요.

준비물

□ 색종이 4장

□ 연필

□ 눈금자

□ 가위

활동 방법

① 색종이에 원, 정사각형, 직사각형 등 다양한 도형을 그립니다.

② 도형들을 오려 내어 방 안 여기저기에 숨겨요.

③ 아이에게 도형을 찾아서 가져오라고 해 주세요.

④ 도형을 찾으면 그 도형의 이름을 말하게 해요. 그리고 다른 도

형과 어떻게 구별할 수 있는지 이야기해 달라고 하세요. 예를 들면, 아이는 이렇게 말할 수 있겠지요. "삼각형을 찾았어요. 선이 3개라서 삼각형이라는 걸 알아요."

더 나아가기

아이가 원, 정사각형 및 직사각형을 잘 찾아내면 오각형이나 육각형, 팔각형처럼 선(변)이 더 많은 도형들을 소개해 주세요.

아이가 도형을 찾아내면 도형에 대해 설명하게 합니다. 예를 들어, "작고 파란색인 육각형을 찾았어요. 선이 6개예요"라고 말할 수 있지요.

집 안과 밖에서 도형을 찾아보게 해요.

도형으로 그림을 그려요

아이들에게 각 도형이 가진 서로 다른 특성을 가르쳐 주면, 언어와 수학 모두 발달의 기초가 될 수 있어요. 모양이 서로 다른 도형을 구별할 수 있으면, 아이들은 사물을 비교하고 정렬하거나 분류할 수도 있게 되거든요. 문자와 숫자를 인식하는 데에도 도움이 된답니다.

준비물

☐ 다양한 색깔의 페인트 색상표 20개
☐ 가위
☐ A4 용지
☐ 풀
☐ 눈금자

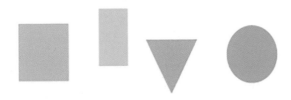

활동 방법

① 페인트 색상표를 다양한 모양으로 자르면서 활동을 시작해요. 원, 삼각형, 정사각형, 직사각형, 마름모, 오각형 및 육각형 등 다양한 도형으로 오려 내요.

② 종이를 세로 또는 가로로 테이블 위에 올려 놓고, 오려 낸 도형과 풀은 왼쪽에 두세요.

③ 아이에게 도형으로 그림을 만들 수 있는지 물어보세요.

④ 아이가 도형을 이리저리 배열해 볼 수 있도록 시간을 주세요. 그렇게 만든 도형의 배열을 아이가 마음에 들어 하면 풀로 종이에 고정시켜요.

TIP

어린아이들은 도형이라는 개념을 어려워 할지도 몰라요. 주변에서 찾을 수 있는 사물의 모양을 활용하세요. (예시: 물고기, 우산, 깃털이 삼각형 모양인 새, 꽃, 집)

더 나아가기

아이가 이 활동을 자신 있게 할 수 있으면 꽃잎처럼 어떤 패턴이 있는 그림을 만들어 보게 하세요.

이 활동은 아이가 퍼즐을 만들 때 도움이 될 수 있어요.

조물조물 도형 만들기

도형의 속성을 이해하는 데 직접 도형을 만들어 보는 것보다 더 좋은 방법이 있을까요? 아이들은 정사각형을 만들면서 정사각형은 4개의 변이 같다는 것을 배우게 될 거예요. 삼각형을 만들면서 삼각형은 변이 3개라는 것을 배웁니다. 이번 활동은 도형을 자신 있게 구별할 수 있는 아이들뿐만 아니라, 도형을 인식하는데 도움이 필요한 아이들도 따라할 수 있도록 만들어졌습니다.

준비물

☐ 이쑤시개

☐ 지점토

☐ 쟁반

활동 방법

① 이쑤시개와 점토를 쟁반에 놓아요. 아이가 쟁반을 테이블로 옮기도록 합니다.

② 아이에게 이쑤시개와 점토를 사용하여 도형을 만들 거라고 설명해 주세요.

③ 아이에게 변이 3개인 모양을 생각할 수 있는지 물어보세요. 아이가 '삼각형'이라고 대답하면, 삼각형을 만들기 위해 이쑤시개가 몇 개 필요한지 질문합니다.

④ 아이가 3개라고 말하면, 이쑤시개 3개로 쟁반 위에 삼각형 모양을 만들어 볼 수 있도록 도와주세요.

⑤ 이제 아이에게 동그랗게 만든 점토로 삼각형을 연결할 수 있는지 물어보세요.

⑥ 3~5단계를 반복합니다. 대신 이번에는 정사각형을 만들어 보고, 그 다음에는 다시 반복하여 직사각형을 만들어 봐요.

TIP

이쑤시개의 끝은 뾰족하니, 아이가 조심해서 다루도록 주의를 주세요. 또한 눈 근처에는 이쑤시개를 절대 가져가지 못하게 해야 합니다. 이 활동을 하는 동안에는 아이들을 철저하게 감독해야 해요.

오각형 또는 육각형과 같이 더 복잡한 도형도 만들어 보세요. 피라미드 모양처럼 입체 도형을 만들 수도 있지요.

종이에 도형의 이름을 하나씩 적습니다. 아이가 도형의 이름을 소리 내어 읽게 한 후, 직접 만든 도형 옆에 놓을 수 있게 도와주세요.

종이에 도형의 이름을 적어 이름표를 만들고, 아이가 도형의 이름을 소리 내어 읽게 해요. 아이는 소리 내어 읽은 도형이 방 안에 있는지 찾아봅니다. 도형을 찾으면, 그 위에 이름표를 붙여요. 어린아이들은 그냥 도형을 찾게 합니다.

재미있는 숫자 부채

숫자 부채는 만들기가 아주 쉽고, 숫자를 인지하는 것부터 순서를 맞추는 것을 포함하여 다양한 수학적 개념을 강화하기에 좋은 도구입니다.

준비물

☐ A4 크기의 하얀 도화지 2장

☐ 연필

☐ 가위

☐ 10까지 있는 눈금자

☐ 검은색 사인펜

☐ 펀치기 (종이에 구멍을 뚫는 사무용품)

☐ 열쇠고리

활동 방법

① 맨 오른쪽의 그림을 복사한 후에 물방울 모양의 그림을 도화지에 10센티미터 크기로 확대해서 그려요. 그림을 오린 다음, 견

본으로 사용하여 물방울 9개를 더 그립니다. 물방울을 모두 다 오려 내면 부채 날개 10개가 준비돼요.

② 아이에게 눈금자를 참고하라고 한 뒤, 부채 날개의 가장 넓은 부분에 숫자를 하나씩 적게 해요. 날개 하나에 숫자 하나로 해서, 0부터 9까지 쓰면 됩니다.

③ 검정색 사인펜으로 숫자에 색칠을 하고, 각 부채 날개의 가장 좁은 부분에 구멍을 하나씩 뚫어요.

④ 부채 날개들을 모두 열쇠고리에 끼워 넣습니다.

⑤ 아이에게 아무 숫자나 불러 주면서 놀이를 시작합니다. 아이가 얼마나 빨리 해당 번호를 찾아내는지 보세요.

⑥ 아이가 숫자를 찾는 데에 자신감이 생기면, 나란히 있는 두 숫자를 찾아보게 합니다. 그리고 나서 2와 4처럼 떨어져 있는 두 숫자를 찾아보게 하세요.

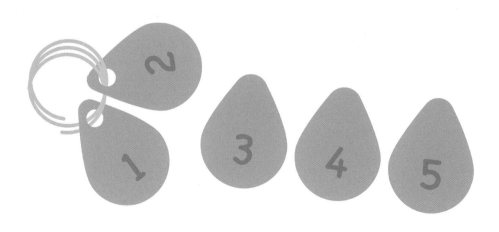

아이가 숫자를 너무 작게 쓰는 건 아닌지 살펴보세요. 아이가 따라 쓰기 쉽게, 예시로 하나 적어 주어도 좋아요.

더 나아가기

아이가 0에서 5까지, 5에서 9까지 숫자를 순서대로 나열해 볼 수 있게 하세요. 더 많거나 적은 숫자로 해도 좋아요.

뚝딱뚝딱 인형의 집

집의 길이, 높이, 부피를 비교할 때에는 수학적인 요소를 생각해야 합니다. 또한 집의 다양한 부분에 어떤 재료가 좋을지는 디자인 요소를 생각해야겠지요. 아이는 장난감에게 집을 만들어 주는 것을 아주 재미있어 할 거예요. 물론 집을 지을 수 있을 정도의 넓은 공간이 필요하겠지요.

준비물

☐ 집짓기 재료

   (예시: 시리얼 또는 신발 상자, 키친타월의 심, 블록, 주스 상자 등)

☐ 쟁반 또는 재료를 담을 그릇

☐ 높이 20센티미터 이하의 장난감

☐ 종이와 연필 (선택 사항)

☐ 마스킹 테이프 (선택 사항)

☐ 카메라

활동 방법

① 집짓기 재료들을 모두 모아서 쟁반이나 그릇에 담아요.

② 아이에게 가장 좋아하는 장난감을 가져오게 해요.

③ 지금부터 장난감을 위한 집을 지을 거라고 설명해 주세요. 어떤 집을 짓고 싶은지 아이와 함께 이야기합니다. 벽, 창문, 지붕, 문 등이 어떻게 생기면 좋을지 물어보세요. 아이에게 직접 그림을 그려 보게 해도 좋아요.

④ 아이가 전체 재료를 보고 집의 각 부분마다 사용할 재료를 결

정하게 합니다.

⑤ 아이가 여러 재료를 사용하여 집을 지을 수 있게 이끌어 주세요. 필요하다면 테이프를 사용해도 됩니다. 완성되면 장난감을 집 안에 넣고 사진을 찍어 봐요.

TIP
집을 짓는 것은 아이가 혼자 해야 하는 일입니다. 하지만, 도움이 필요하면 언제든 엄마에게 이야기하면 된다고 알려 주세요.
아이가 스스로 생각할 시간을 많이 주어야 합니다.

더 나아가기

집짓기를 시작하기 전에 장난감에게 지어 주고 싶은 집을 그려 보게 하세요.

성, 농장, 공원 등 장난감이 장난감이 방문할 만한 건물이나 장소를 지어 볼 수 있어요.

1분 안에 해 봐요

~~~~~~

어린 시절에는 일주일이 영원히 계속될 것 같고, 여름 방학이 끝나지 않을 것처럼 느껴지곤 합니다. 여러분도 어렸을 때 비슷한 감정을 느끼지 않았나요?

아이들은 시간 재는 것을 어렵게 느끼는 경우가 많습니다. 이 활동은 1분 안에 할 수 있는 다양한 놀이를 비교해요. 이런 개념을 바탕으로 확장된 활동을 해 볼 수도 있지요.

준비물

☐ 구멍이 뚫린 구슬
☐ 실
☐ 종이
☐ 연필
☐ 초침이 있는 시계
☐ 쟁반

활동 방법

① 구슬, 실, 종이, 연필, 시계를 쟁반 위에 올려 놓은 다음, 쟁반을 테이블 왼쪽에 놓아요.

② 아이에게 1분 안에 무엇을 할 수 있는지 알아보기 위한 놀이라고 설명해 주세요.

③ 쟁반에서 시계를 집어 들고 아이가 초침에 집중하게 해요. 초침

은 1분 동안 시계를 한 바퀴 돈다고 이야기해 줍니다.

④ 쟁반에서 실과 구슬을 집어 들어요. 1분 동안 아이가 실을 구슬에 꿸 수 있게 하고, 여러분이 시간을 잽니다.

⑤ 연필과 종이를 사용하여 1분 안에 숫자나 단어를 몇 개나 쓸 수 있는지 보세요.

⑥ 마지막으로, 아이가 팔 벌려 뛰기를 1분 동안 몇 개나 할 수 있는지 보세요.

TIP
아이가 자신 있어 하는 활동으로 바꿔서 해도 좋아요.
어린아이들은 2분으로 시간을 늘려서 해 보세요.

더 나아가기

아이가 다양한 시간의 경과를 관찰할 수 있게 합니다. 예를 들면, 타이머를 사용해서 음식을 만들 때 걸리는 시간을 재어 봐요. 또는 특정 거리를 걸어서 이동할 때와, 다른 교통수단을 이용할 때 걸리는 시간을 비교해 볼 수도 있어요.

지금이 몇 시지?

우리는 시간 개념을 소개할 때, 옛날 사람들이 어떻게 낮과 밤의 변화와 계절의 변화에 따라 시간의 흐름을 관찰했는지 이야기해요. 또한 해시계와 모래시계로 어떻게 시간을 측정했는지, 그리고 일상생활을 위해 필요한 '시간 관리'에 대해서도 이야기하지요.

준비물

☐ 종이 접시 2개 (하나는 큰 것, 하나는 약간 작은 것으로 준비해요.)

☐ 연필

☐ 사인펜

☐ 눈금자

☐ 색이 있는 도화지 (A4 용지 크기)

☐ 가위

☐ 중심축으로 쓸 핀

☐ 풀

활동 방법

① 아이가 작은 접시에 그림이나 무늬를 그리고 색칠할 수 있도록
합니다. 이때, 가장자리 테두리는 남겨 두어요.

② 자와 연필을 사용하여 아래와 같이 준비해요. 아이와 여러분이
함께 하고, 아이가 잘할 수 있도록 도와주세요.

③ 도화지 위에 크기가 같은 직사각형 12개를 그려요. 도화지의
아랫부분에는 공간을 남겨 둡니다.

④ 직사각형에 1에서 12까지의 숫자를 적게 한 후에 사각형들을
오려 내요.

⑤ 도화지의 남은 공간에 시곗바늘 2개를 그린 다음 오려 내요.

⑥ 눈금자를 사용하여 접시 앞면 둘레의 간격을 일정하게 측정합니다. 숫자들이 놓일 자리예요.

⑦ 작은 접시를 큰 접시 안에 놓고, 중앙에 점을 표시해요. 시곗바늘을 붙일 자리랍니다. 가위로 그 자리에 구멍을 만들어 주세요.

⑧ 시곗바늘 2개를 겹쳐 놓고 구멍을 뚫어요. 아이에게 중심의 핀이 어떻게 움직이는지 보여 주고, 아이가 시계를 조립할 수 있도록 도와줍니다. 시곗바늘이 잘 움직이는지 확인하세요.

⑨ 아이가 오려 낸 숫자를 일정한 간격으로 붙이게 하세요.

⑩ 긴 시곗바늘은 분을, 짧은 시곗바늘은 시간을 세는 것이라고 설명해 주세요. 아이에게 "아침에 몇 시에 일어나니?"라고 물어본 후, 시곗바늘을 움직여서 그 시간이 시계에서 어떻게 보이는지 나타내 주세요.

TIP
어린아이들이 시계에 붙일 숫자를 적을 때에는 눈금자에 있는 숫자를 참고하면 돼요.

더 나아가기

아이가 시간을 보여주는 데에 자신감을 가질 수 있도록 다양한 시간대를 활용해 보세요. 예를 들면, 학교에 가는 시간, 잠자리에 드는 시간이 있겠지요.

추측할 수 있어요

~~~~~~

'추측'은 아이들이 이해하기 까다로운 개념입니다. 추측하는 활동을 아주 재미있고 구체적인 방식으로 소개해 볼까요? 다양한 그릇들을 채우기 위해 필요한 구슬의 수를 추측해 보는 놀이예요.

준비물

☐ 다양한 크기의 그릇 3~5개 (잼을 담는 유리병처럼 투명한 게 좋아요.)

☐ 구슬 또는 단추처럼 작은 물건들 (가장 큰 그릇을 채울 만큼 충분한 양을
   준비해 주세요.)

☐ 연필

☐ 종이

☐ 쟁반

활동 방법

① 그릇, 구슬, 연필, 종이를 쟁반에 놓고 테이블로 옮겨요.

② 그릇들을 중앙에 일렬로 위치시켜요. 구슬, 종이, 연필은 왼쪽

에 놓습니다.

③ 아이에게 각각의 그릇을 채우는 데 얼마나 많은 구슬이 필요한 지 알아낼 거라고 설명해 주세요.

④ 아이가 직접 그릇을 고르게 해요. 그러고 나서, 그릇을 채우는 데 구슬이 얼마나 필요할 지 추측하게 합니다. "앞에 놓은 그릇 중에 하나만 골라 보자. (아이가 고른 그릇을 손으로 가리키며) 그 릇을 가득 채우려면 구슬이 몇 개가 필요할까? 엄마한테 말해 주겠니?"

⑤ 아이가 구슬을 세면서 그릇에 담게 해요. 다 채우면 종이에 답 을 기록합니다.

⑥ 구슬이 담긴 그릇을 비우고 다른 그릇으로 4단계와 5단계를 반 복해요. 모든 그릇에 물건을 담을 때까지 반복합니다.

TIP

어린아이들의 경우, 그릇을 2~3개만 사용하세요.

아이가 추측을 어려워하면 엄마가 도와주세요. "20개보다 많이 들어 갈까?"처럼 말해 볼 수 있어요.

더 작은 물건이나 더 큰 물건으로 이 활동을 반복해서 진행해
도 좋아요.

집에 있을 때나 밖에 있을 때 추측하는 연습을 해 보세요. 예
를 들면, 포개어 쌓아 놓은 접시의 개수나 장바구니에 담긴
물건의 개수를 추측해 볼 수도 있지요.

물의 양이 얼마일까?

이번에는 액체를 활용해서 추측하는 능력을 강화하는 활동입니다. 물을 그릇에 조심스럽게 부어야 하기 때문에, 물을 따르는 기술도 연습할 수 있답니다. 또한 물을 채워야 하는 병의 개수도 세어야 해요.

준비물

☐ 다양한 크기의 투명 용기 3~5개 (예시: 잼을 담는 유리병 등)

☐ 작은 주전자

☐ 물통

☐ 연필

☐ 종이

☐ 쟁반

활동 방법

① 유리병(투명 용기), 주전자, 물통, 연필, 종이를 쟁반에 놓고 테이블로 옮겨요.

② 유리병을 쟁반 중앙에 일렬로 세워요. 주전자와 물통은 아래에 두고, 종이와 연필은 쟁반 왼쪽에 놓습니다.

③ 각 병에 물을 채우기 위해 물이 얼마나 필요할지 알아볼 거라고 아이에게 말해 주세요. 짐작으로 먼저 추측한 뒤, 실제로 세어 본다는 것도 설명해 주세요.

④ 아이가 물을 채울 유리병을 선택하게 합니다. 고른 것을 작은 주전자 옆에 놓아요. 그러고 나서 아이에게 물어보세요. "이 유리병을 채우려면 물이 얼마나 필요해 보이니?"

⑤ 이제 아이가 작은 주전자에 물통의 물을 조심스럽게 담아요. 그러고 나서 준비한 유리병에 옮겨 따르게 합니다. 병이 가득 찰 때까지 계속 해요. 유리병에 물을 채우기 위해 주전자로 물을 몇 번 따랐는지 종이에 기록합니다.

⑥ 유리병에 물이 다 차면 병을 비워야 해요. 유리병의 물을 다시 물통에 옮겨 담아요. 다른 투명 용기로 4단계와 5단계를 반복합니다. 준비한 용기를 모두 사용할 때까지 반복해 주세요.

더 나아가기

각각 크기가 다른 유리병과 주전자를 사용하여 활동을 반복해 보세요.

아이에게 가득 차다, 비어 있다, 절반, 4분의 1 등의 개념을 알려 줄 수 있는 좋은 기회입니다. 아이에게 '가득' 차는 높이와 '반쯤' 차는 높이가 표시된 투명 유리병에 물을 붓게 합니다. 물에 색깔이 있으면 더 좋아요.

숫자와 막대가 똑같아요

숫자 카드와 숫자 막대를 함께 사용하면 수량에 대한 이해도가
올라가고, 1에서 10까지의 숫자를 결합할 수 있어요. 막대는 시각
적인 도구 역할을 합니다. 아이들은 막대의 수를 세면서 숫자 카드
의 숫자와 숫자가 나타내는 양 사이의 관계를 형성할 수 있어요.

준비물

☐ 숫자 카드 (39번 활동 참고)

☐ 숫자 막대 (워크 시트 ⑤, 37번 활동 참고)

☐ 쟁반

활동 방법

① 숫자 카드와 막대를 쟁반에 놓고, 아이가 테이블로 옮기게 해
　요. 막대를 순서에 관계없이 아이 앞에 수평으로 놓고, 숫자 카
　드를 순서에 상관없이 오른쪽에 놓습니다.

② 아이에게 4번 막대를 찾을 수 있는지 물어보세요. 아이가 올바

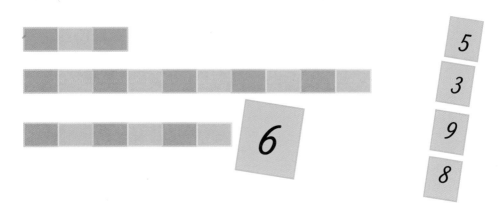

른 막대를 찾을 때까지 막대를 세어야 해요.

③ 이제는 "4를 어떻게 쓰는지 알 수 있을까?"라고 물어보세요. 아이가 4번 카드를 발견하면 4번 막대 끝에 놓게 해요.

④ 다른 번호를 선택하여 같은 단계를 따릅니다. 모든 숫자 카드를 숫자와 일치하는 막대 옆에 놓을 때까지 계속합니다. 이때, 막대가 수량을 나타내요.

TIP

이 기회에 수를 물어보는 다른 방법을 소개하세요. 언어와 수학 능력에 도움이 됩니다. 예를 들어, "사과 2개만 주세요"처럼이요.

아이가 숫자 막대와 숫자 카드를 잘 일치시킨다면, 숫자 막대와 숫자 카드를 순서대로 쌓는 활동도 해 볼 수 있어요. 숫자 막대로 먼저 시작합니다. 막대를 가장 짧은 것에서 가장 긴 것까지 줄을 세워서 계단 모양을 만들어요. 계단 모양이 완성되면 숫자 카드와 막대를 맞춰 보는 거예요. 여러분이 먼저 1과 2를 맞추는 것을 보여주면 아이가 어떻게 하는지 알 수 있어요. 아이가 나머지 숫자들을 맞추어 보게 하세요.

차례차례 숫자 놀이

~~~~~~

숫자를 이어서 맞추는 활동을 하면 정확한 수량을 세고 일치하는 숫자를 찾는 능력을 강화할 수 있어요. 숫자 카드 아래에 셀 수 있는 조그만 물건들을 놓으면 홀수와 짝수의 개념도 소개할 수 있답니다.

준비물

☐ 숫자 카드 (39번 활동 참고)

☐ 단추 55개 (구슬이나 동전도 괜찮아요.)

☐ 단추를 담을 그릇

☐ 이전 활동에서 사용한 숫자 막대

☐ 눈금자

활동 방법

① 아이에게 단추를 담은 그릇을 테이블로 옮기게 해요. 엄마는 숫자 카드를 가져갑니다. 아이 앞에 그릇을 놓고, 숫자 카드는 잘

섞은 후 그릇 너머 오른쪽 옆에 둡니다.

② 아이가 숫자 카드 1을 찾아서 그릇 너머 자신의 왼쪽에 놓게 합니다. 그런 다음에 단추 몇 개를 카드 아래에 놓아야 할지 물어보고, 숫자 카드 아래에 개수만큼 놓게 해요.

③ 1 다음에는 어떤 숫자가 오는지 물어보세요. 아이가 2번 카드를 찾고, 단추 2개를 카드 아래에 나란히 놓게끔 해 주세요.

④ 이와 같은 단계를 숫자10까지 계속 반복합니다. 단추의 위치에 대해 안내를 해 주세요. 예를 들면, '짝수' 숫자 단추는 나란히 2개의 열로 놓고, '홀수' 숫자 단추들은 왼쪽 열에 단추를 추가하여 놓게 하는 거지요.

⑤ 아이가 숫자 순서에 실수를 하면 활동을 끝낼 때까지 기다립니다. 활동이 끝나면 숫자를 눈금자의 숫자와 비교하게 해요.

더 나아가기

아이가 혼자 힘으로 이 활동을 할 수 있다면, 단추들을 손으로 가리키면서 단추들 사이에 비슷한 점을 찾을 수 있는지 물어보세요. 2개, 4개, 6개처럼 둘로 짝을 지어 놓을 수 있는 숫자들은 '짝수'라고 설명해 주세요. 1개, 3개, 5개처럼 둘로 짝 지어지지 않는 숫자들은 '홀수'라고 설명해 주세요.

홀수와 짝수의 개념을 강화하려면 조그마한 물건 4개를 준비해 주세요. 그리고 아이에게 물건들을 세어 보게 합니다. 셋이나 넷이 홀수인지 짝수인지 물어보세요. 아이가 대답을 잘 하지 못하면 짝수는 항상 '짝'이 있고 홀수는 항상 '혼자' 남는 것이 있다는 것을 다시 설명해 주세요.

무당벌레를 그려요

～～～～～～～～～～～～～～～～

　많은 아이들은 곤충을 좋아해요. 특히 무당벌레처럼 독특한 색깔을 자랑하는 곤충에게 관심을 갖기 쉽지요. 이번에는 1에서 10까지의 숫자로 무당벌레를 만들 거예요. 이 놀이는 다양한 수학적 활동에 사용할 수 있답니다.

준비물

☐ 흰색 카드 10장 (A5 크기)

☐ 연필

☐ 무당벌레 사진

☐ 붓

☐ 빨간색 포스터 물감

☐ 눈금자

☐ 동전

☐ 검정 사인펜

활동 방법

① 각각의 카드에 무당벌레의 모양을 그리면서 시작해요.

② 아이에게 무당벌레를 만들 거라고 이야기해 주세요. 아이가 무당벌레를 모두 빨간색으로 칠하게 하고, 물감이 마르게 둡니다.

③ 눈금자를 사용하여 각 무당벌레 몸통의 중앙에 연필로 선을 그려서 양쪽이 딱 절반으로 나눠지게 해요.

④ 동전 테두리를 둥글게 따라서 그리면 무당벌레의 반점을 만들 수 있어요. 1에서 10까지 숫자에 맞게 반점의 수를 추가합니다. 짝수는 중앙선의 왼쪽과 오른쪽에 짝을 지어 그리고, 홀수는 반점을 짝지어 그린 뒤 한쪽에 반점을 하나 추가해요.

⑤ 아이가 사인펜을 사용해서 반점을 포함한 그림을 색칠하도록 이끌어 주세요. 사인펜으로 중앙선 위를 덧그려 줍니다.

⑥ 연필로 다리를 그리고 나서, 사인펜으로 덧그리게 해 주세요.

TIP

마지막 무당벌레에는 10개의 반점이 들어가야 하니, 카드의 전체 면적에 꽉 차게 무당벌레를 그리세요. 이때, 동전의 크기가 너무 크면 반점 10개를 그릴 수 없답니다. 동전의 크기를 확인하세요.
무당벌레를 그리기 위한 밑그림을 만들어 사용할 수도 있어요.

순서 맞추기와 개수 세기에도 무당벌레 카드를 활용할 수 있어요. 숫자와 반점의 수를 일치시켜도 되고, 덧셈 놀이에 쓸 수도 있지요.

20까지의 숫자를 나타낸 무당벌레 카드 세트를 만들어 봐요.(이 경우, A4 크기의 종이를 사용해요.)

무당벌레 대신에 곰 인형을 그리고, 반점은 단추로 대신할 수도 있어요.

홀짝을 구분해요

몬테소리 활동에서, 아이들은 '짝수는 항상 짝지어 나오고 홀수는 혼자 남는 것이 있다'는 사실을 보며 홀수와 짝수의 차이를 배웁니다. 이번 활동에서는 이전 활동에서 만든 무당벌레 카드를 활용할 거예요.

준비물

□ 무당벌레 카드 세트
□ 동전 55개

활동 방법

① 무당벌레 카드를 테이블 중앙에 놓아요.

② 이번에는 홀수와 짝수에 대해 알아볼 거라고 아이에게 설명해 줍니다.

③ 아이가 무당벌레 카드를 왼쪽에서 오른쪽으로 올바른 순서를 지켜서 놓게 해요.

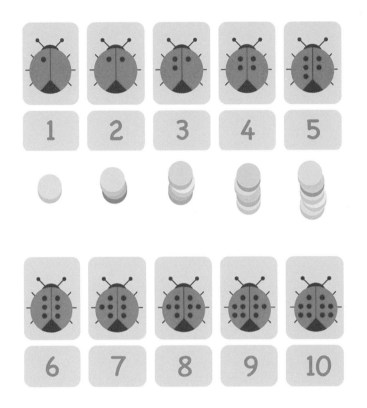

④ 숫자 1부터 시작합니다. 무당벌레에 그려진 반점의 수만큼(혹
은 정해진 수만큼) 동전을 놓아요. 남은 카드로 반복합니다.

⑤ 아이가 반점의 무늬를 비교할 수 있게 해 주세요. 예를 들면, 5
번 카드와 6번 카드를 비교하게 하고, 9번 카드와 10번 카드를
비교하게 해요. 아이는 6번 카드와 10번 카드에 있는 점들은
모두 '짝지어' 나눠지는 것을 발견할 거예요. 하지만, 5번 카드
와 9번 카드에서는 '짝 없이 혼자' 남는 점 '하나'가 있다는 것

을 발견합니다.

⑥ 아이에게 2, 4, 6, 8, 10은 '짝'이 있기 때문에 짝수라고 하고, 1,
  3, 5, 7, 9는 항상 '혼자' 남는 것이 있기 때문에 홀수라고 부른
  다고 설명해 주세요.

TIP

어린아이들은 1에서 5까지의 숫자로 시작하세요.
아이가 무늬를 잘 인식하지 못하면, 짝이 없는 이상한 '반점'을 손가
락으로 가리켜 보세요.

'홀수'와 '짝수'라는 단어를 종이에 적은 후, 해당하는 무당벌레 카드 아래에 놓습니다.

아이는 반점의 수와 숫자가 일치하는 무당벌레 카드 아래에 해당 숫자를 놓을 수 있어요.

아이와 함께 도미노 또는 주사위 세트를 보고, 아이가 홀수와 짝수를 구별할 수 있는지 물어보세요.

아무것도 없는 숫자

컵, 그리고 세기 쉬운 작은 물건들로 계산하는 것은 숫자와 그 숫자에 상응하는 수량의 개념을 시각적으로 강화해 줄 수 있는 또 다른 방법이에요. 비어 있는 그릇으로 숫자 '0'에 대한 개념을 알려 줄 수도 있습니다.

준비물

☐ 단추, 구슬 또는 동전 45개 (세기 쉬운 작은 물건들)

☐ 컵 또는 작은 그릇 10개

☐ 약 50센티미터 길이의 종이띠

☐ 검정 사인펜

☐ 작은 물건을 담을 그릇

활동 방법

① 아이에게 쟁반을 테이블로 옮기게 하고, 준비물이 잘 보이는 곳에 앉혀요. 단추를 담은 그릇을 아이 앞에 놓고 숫자를 적은 종

종이에 0에서 9까지의 숫자를 씁니다. 숫자 사이의 간격을 일정하게 해요. 단추(구슬 또는 동전)를 그릇에 담고 모든 재료를 쟁반에 놓습니다.

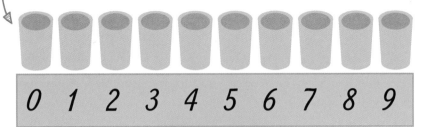

이띠를 바로 그 뒤에 위치시켜요. 컵들을 종이띠 뒤에 일렬로 정렬해 놓습니다.

② 종이띠의 숫자를 손으로 가리키고, 아이에게 숫자를 큰 소리로 읽어 보라고 합니다. 아이에게 '0'을 보여 주고 이렇게 이야기 하세요. "이 숫자는 0이라고 부른단다. 0은 아무것도 없다는 뜻 이니까 컵 안을 깨끗이 비워야 해."

③ 1을 가리킨 다음, 아이가 숫자에 맞는 수만큼 단추를 컵에 넣게 끔 도와주세요.

④ 2를 가리키면서 똑같이 반복합니다. 3과 4도 마찬가지예요. 아

이가 원한다면 9까지 계속하세요.

⑤ 아이가 컵에 단추의 수를 잘못 넣더라도 당장 고쳐 주지 마세요. 활동을 마치고 나서 "컵에 들어간 단추의 수가 맞았는지 확인해 보자"라고 말해요. 그리고 단추를 아이와 함께 세면서 수가 잘 맞는지 아이가 직접 확인해 보게 합니다.

TIP

아이가 0부터 9까지의 수량을 모두 확인하려면 단추 45개가 필요하답니다.

더 나아가기

38번 활동으로 다시 돌아가 볼까요? 똑같이 생긴 비닐봉지 하나를 줄의 '1번' 앞에 매달아요. 그리고 아래처럼 간단한 설명과 함께 물어보세요.

"이 비닐봉지는 0을 나타내는 거야. 0이 무엇을 의미하는지 기억하니?" 아마 아이는 '아무것도 없는 것'이라고 대답할 거예요. 그러면 다시 질문합니다. "그럼 비닐봉지 안에 물건을 담을 필요가 있을까?"

만약 아이가 기억을 잘 하지 못한다면 아이에게 힌트를 주어도 됩니다. "1 앞에 오는 거야"처럼요.

숫자가 대롱대롱!

아이가 0에서 10까지의 숫자와 그에 맞는 수량까지 배웠어요.
이제 숫자들을 38번 활동에 응용할 수 있어요.

준비물

☐ 39번 활동에서 사용한 숫자 카드

☐ 검정 사인펜

☐ 색연필 또는 연필

펜을 사용하여 각 숫자 주위에 숫자를 따라서 공간이 생기게 그려요.
아이가 새로 만들어진 공간에 색을 칠하여 큰 숫자를 만들 거예요.

활동 방법

① 아이가 숫자에 색을 칠하게 해요. 아이가 색칠하기를 모두 마치면 이전(38번 활동)에 만든 비닐봉지 빨랫줄에 매달 거라고 설명해 주세요.

② 물건을 담은 비닐봉지 빨랫줄 아래에 숫자 카드를 무작위로 배치해요. 그리고 첫 번째 비닐봉지를 가리키며 아이에게 물어요. "봉지 안에 무언가 담겨 있지?" 아이가 대답하면 바닥에 놓인 숫자를 가리키며 질문하세요. "어떤 숫자가 봉지 안에 담겨 있는 물건의 수를 나타낼까?" 아이가 1을 고르면, 직접 카드를 줄에 매달 수 있도록 도와주세요.

③ 물건이 2개 들어 있는 봉지를 가리키며 물어보세요. "이 봉지에 물건이 몇 개 들어 있을까?" 아이가 숫자 2를 찾아서 줄에 추가하도록 해 주세요. 10까지 계속합니다.

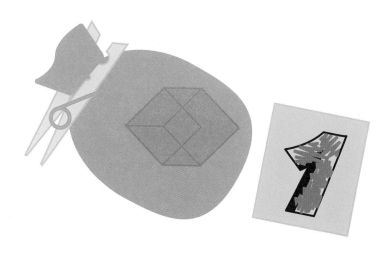

다음 숫자가 의미하는 수량을 아이가 기억하지 못하면, 비닐봉지 안의 물건을 꺼내어 세어 보게 해요.

더 나아가기

보드지로 반점이 없는 무당벌레를 만들어요. 아이와 함께 무당벌레에 색을 칠하고, 0부터 10까지 반점을 추가합니다. 무당벌레가 완성되면 방을 가로지르는 줄에 매달아 두세요. 시간이 필요하지만 재미있는 활동이기 때문에 일주일에 걸쳐서 진행해도 좋아요.

덧셈이 무엇일까?

아이가 0에서 10까지의 수량과 숫자를 배웠으니 덧셈을 해 볼까요? 다른 숫자 활동과 마찬가지로 물건을 더하는 활동을 하면서 수량의 개념을 먼저 이해하게 합니다. 그리고 나서 필요한 숫자와 기호를 소개할 거예요.

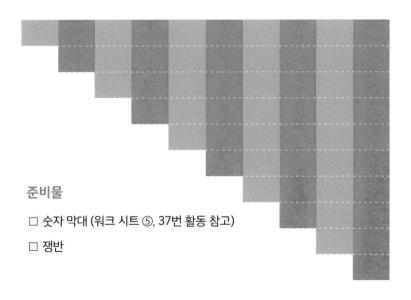

준비물

☐ 숫자 막대 (워크 시트 ⑤, 37번 활동 참고)

☐ 쟁반

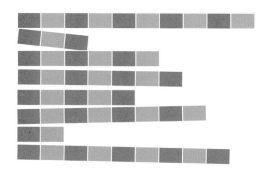

활동 방법

① 아이가 숫자 막대와 쟁반을 테이블로 옮기게 해요. 숫자 막대를 무작위로 아이 앞에 놓고, 아이가 숫자 막대를 계단 모양으로 배열하게 합니다.

② "숫자 막대로 '더하기'를 하는 방법을 보여 줄게"라고 말하고 다음과 같이 진행해요. 쉽게 진행하기 위해 5 아래의 숫자를 선택합니다.

"1번 막대를 찾아서 계단 아래에 놓아 보자. (아이가 막대를 찾아서 놓으면) 이번에는 4번 막대를 찾아서 1번 막대 옆에 놓아 볼까?"

③ 함께 모아 놓은 막대들을 세어 보게 하고 몇 개가 되는지 물어 봐요. 아이가 손가락을 사용하여 각 숫자 막대를 주의 깊게 세어 보게 해요. 아이가 "5개"라고 대답하면 "하나 더하기 넷은 다섯이야"라고 설명해 주세요. 이렇게 말하면서 숫자 막대들을 가리킵니다.

④ 아이에게 막대를 다시 되돌려 놓게 하고 덧셈을 몇 번 합니다.

이때, 낮은 숫자를 사용하는 것을 잊지 마세요.

⑤ 아이가 활동의 목적을 이해하면 스스로 덧셈을 만들 수 있어요. 아이가 직접 숫자 2개를 고른 후 합계를 말해 보는 거예요. "5개 더하기 3개는…" 필요하면 '더하기'라는 단어를 아이에게 설명해 주세요.

⑥ 아이가 이 활동을 마치면 답을 구하는 단계를 복습해요. 아이가 마지막에 얻게 되는 숫자는 항상 앞선 숫자 2개보다 반드시 커야 한다는 것을 기억하게 합니다.

숫자를 더해 봐요

지금까지는 아이가 숫자 막대의 수량이 늘어나는 것을 보면서 덧셈의 개념을 익혔어요. 이제 '숫자'를 활용하여 합계를 구하는 활동을 할 수 있어요. 앞선 활동에서 만든 숫자 카드를 사용하세요. 그리고 아이가 잘 따라오면 종이에 합계를 적어서 보여주세요. '더 나아가기'를 참고하면 됩니다.

준비물

☐ 숫자 카드 (39번 활동 참고)

☐ 숫자 막대 (워크 시트 ⑤)

☐ 카드

☐ 검정 사인펜

활동 방법

① 숫자 카드와 숫자 막대를 순서대로 펼쳐 놓습니다. 그리고 등호 (=)와 더하기(+) 기호를 숫자 카드와 같은 크기로 그리고 오려

내세요. 그리고 아이가 숫자 막대 하나를 골라서, 테이블 위에 놓게 하고 다음과 같이 말해 줍니다. "숫자 막대와 일치하는 숫자 카드를 찾아보자. 그리고 카드를 막대 아래에 놓아 보렴."

② 아이가 선택한 카드 옆에 더하기 카드를 놓으면서 말해요. "이 카드는 '더한다'는 뜻이야."

③ 아이가 또 다른 숫자 막대와 카드를 골라서 더하기 카드 다음에 놓을 수 있도록 이끌어 주세요. 그리고 등호 카드를 두 번째 숫자 카드 다음에 놓으면서 이야기해요. "이 카드는 '값이 같다'는 뜻이야."

④ 아이에게 다음에는 무엇을 해야 할지 물어보세요. 아이가 "숫자를 세요" 또는 "숫자를 더해요"라고 대답할 때까지 기다립니다. 숫자 막대를 활용하여 아이가 답을 찾을 수 있게 도와주는 것도 괜찮아요.

⑤ 아이가 답을 찾으면, 등호 카드 다음에 놓아요. 아이가 혼자서 덧셈을 계산할 준비가 될 때까지 아이와 함께 몇 번 더 연습해 봅니다.

더 나아가기

아이가 숫자 카드로 하는 덧셈에 자신감이 생기면, 여러분이 종이 위에 숫자를 적으면서 덧셈을 보여 주세요. 아이가 직접 종이 위에 합계를 적어 보고 싶어할 수도 있어요.

빨셈이 무엇일까?

아이들은 빨셈의 개념도 덧셈처럼 쉽게 이해할 수 있을 거예요. 예를 들어, 사과 6개를 가진 상태에서 누군가 3개를 빼앗아 가면 3개가 남는다는 사실을 아이들은 잘 알고 있지요. 앞선 활동을 통해 이미 합계를 내는 것에 익숙해졌기 때문에, 이번 활동에서는 숫자와 해당하는 양을 동시에 소개할 거예요.

준비물

☐ 숫자 막대 (워크 시트 ⑤)
☐ 종이
☐ 연필

활동 방법

① 아이가 숫자 막대를 테이블로 옮기게 한 다음, 여러분의 왼쪽에 앉혀 주세요. 아이는 숫자 막대를 계단 모양으로 배열할 수 있어요. 계단 아래쪽에는 공간을 남겨야 합니다.

② 숫자 막대 2개를 꺼내서 함께 놓아요. 예를 들어, 5번 막대와 3
   번 막대를 선택했다면 아이가 각 숫자 막대에 있는 칸의 수를
   셀 수 있게 해요. 그리고 높은 숫자의 막대에서 낮은 숫자의 막
   대를 제거하면 몇 칸이 남는지 세어 보게 합니다. 이런 방식으
   로 뺄셈의 합계를 두 번 정도 더 구하면 아이가 과정을 이해하
   기 시작할 거예요.

③ 네 번째 계산이 끝날 때쯤 이렇게 물어보세요. "우리가 몇 개로
   시작했지?", "그러고 나서 몇 개를 빼앗아갔지?", "그러면 우리
   에게 몇 개가 남아있지?" 그리고 요약하면서 마무리해요. "그러
   니까, 5개에서 3개를 빼앗아 가면 2개가 남는구나."

④ 계산 값을 어떻게 쓰는지 설명하면서 종이에 적는 방법을 아이

에게 보여주세요. 이런 식으로 뺄셈을 2번 더 연습해요. 여러분이 아이를 위해 적어 줍니다.

⑤ 아이가 계산 값을 기록할 준비가 되면, 단계별로 차근차근 해 보게 해요. 그렇지 않으면 처음에 시작했던 숫자와 '빼앗아 간' 숫자를 잊어버릴 거예요.

더 나아가기

> 일상에서 아이에게 더하기와 빼기를 보여 주세요. 예를 들면 과일, 블록, 장난감 등의 개수를 더하고 빼 보게 해요.

63

노래를 불러요

노래와 율동은 숫자와 언어에 대한 개념을 훈련시켜 줄 수 있는 탁월한 방법이에요. 운율과 동작은 아이들이 더욱 잘 기억하도록 도와주거든요. 노래와 율동은 모든 연령대의 아이들에게 가르칠 수 있답니다. 이 활동을 진행하기 전에 1부터 10까지의 숫자를 영어로 미리 알려 주면 좋아요.

Once I Caught A Fish Alive
(물고기를 잡았지)

노래를
들어 봐요!

이 노래는 숫자의 순서 개념을 강화해요. 숫자를 말하면서 손가락으로 숫자를 세어요.

One, Two, Three, Four, Five (하나, 둘, 셋, 넷, 다섯)

Once I caught a fish alive (물고기를 잡았지)

Six, Seven, Eight, Nine, Ten (여섯, 일곱, 여덟, 아홉, 열)

Then I let him go again (그리고 놓아 주었지)

Why did you let him go? (왜 놓아 주었니?)

Because he bit my finger so (물고기가 손가락을 깨물었단다)

Which finger did he bite? (어느 손가락을 깨물었니?)

This little finger on my right (오른손 새끼손가락이야)

One, Two, Buckle My Shoe
(하나, 둘, 신발을 신어요)

노래를
들어 봐요!

이 노래도 순서대로 숫자를 셀 거예요.

약간의 율동을 하면서 손가락으로 숫자를 세어 봐요.

One, two, buckle my shoe (하나, 둘, 신발을 신어요)

Three, four, knock at the door (셋, 넷, 문을 두드려요)

Five, six, pick up sticks (다섯, 여섯, 막대를 집어 들어요)

Seven, eight, lay them straight (일곱, 여덟, 막대를 똑바로 놓아요)

Nine, ten, a big fat hen (아홉, 열, 뚱뚱한 닭이 뒤뚱뒤뚱)

Five Currant Buns
(건포도 빵 5개)

노래를
들어 봐요!

아이들은 빵집 주인이나 손님과 이 노래를 부르면서 노는 것을 상

상할 수도 있어요. 진짜 빵이나 쿠키, 그리고 동전을 가지고 해도

좋아요.

Five currant buns in a baker's shop (빵집에 건포도 빵 5개)

Round and fat with a cherry on the top (동그랗고 통통한 빵 위에 체리)

Along came a boy with a penny one day (한 소년이 동전을 가지고 왔지)

Bought a currant bun and took it right away

(그리고 빵을 사서 들고 갔지)

Four currant buns in a baker's shop (빵집에 건포도 빵 4개)

...

Ten Fat Sausages
(통통한 소시지 10개)

노래를
들어 봐요!

이 노래는 아이들이 정말로 좋아할 거예요. '빼기' 개념을 포함하여, 숫자가 2개씩 내려갑니다. Pop(뽕)이라고 할 때 검지 손가락을 입안에 넣고 '뽕'소리를 내 주세요. Bang(빵) 소리는 손뼉을 쳐서 만듭니다.

Ten fat sausages sizzling in a pan (통통한 소시지 10개가 지글지글)

One went pop and the other went bang

(하나가 '뽕' 튀면 다른 하나는 '빵')

Eight fat sausages sizzling in a pan (통통한 소시지 8개가 지글지글)

One went pop and the other went bang

(하나가 '뽕' 튀면 다른 하나는 '빵')

Six fat sausages sizzling in a pan (통통한 소시지 6개가 지글지글)

...

Ten Green Bottles
(초록빛 병 10개)

노래를
들어 봐요!

율동을 하려면 플라스틱 병을 사용해요. Bottle(병)이라는 단어를
Teddy bear(곰 인형)나 다른 적합한 물건으로 바꿔도 괜찮아요.

Ten green bottles hanging on a wall (초록빛 병 10개가 대롱대롱)

Ten green bottles hanging on a wall (초록빛 병 10개가 대롱대롱)

And if one green bottle should accidentally fall

(초록빛 병 1개가 툭 떨어졌네)

There'll be nine green bottles hanging on the wall

(초록빛 병 9개가 대롱대롱)

…

나만의 피자 가게

아이들은 피자를 먹는 것 만큼이나 반죽을 가지고 노는 것도 좋아해요. 이번 활동은 두 가지 활동으로 되어 있어요. 아이들이 직접 피자 가게를 만드는 거예요! 이는 아이들의 상상력을 자극하고, 역할극에 필요한 아이디어의 틀을 만들어 준답니다. 아이들 여러 명과 함께 하면 좋아요.

준비물

- □ 지점토
- □ A4 용지 (아이마다 1장씩 주고, 여분으로 4장을 둬요.)
- □ 여러 색상의 사인펜
- □ 피자 상자
- □ 풀
- □ 놀이 공간에 깔 수 있는 식탁보(천) 2장
- □ 앞치마 (아이마다 하나씩)
- □ 아이들이 쓸 밀방망이 (플라스틱 컵을 사용해도 돼요.)
- □ 플라스틱 칼, 종이 접시

활동 방법

① 지점토로 피자 반죽을 준비하는 것부터 시작해요.(토핑으로 올라가는 점토와 다른 색깔의 점토를 준비해도 좋아요.)

② 아이에게 우리만의 피자 가게를 만들 거라고 말해 주세요.

③ 피자 가게의 이름을 종이에 예쁘게 적어 간판과 상표를 만들어요. 상표를 박스에 붙이고 간판은 놀이 공간에 붙입니다.

④ 종이 위에 피자의 이름을 적으면 메뉴판을 만들 수 있어요. 네 종류의 피자가 적힌 메뉴판을 만들어요.

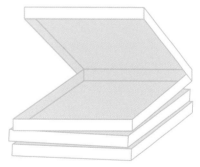

⑤ 식탁보를 놀이 공간에 깔아요. 아이는 앞치마를 착용한 후, 부모님이 반죽과 도구를 준비하는 것을 돕습니다.

⑥ 또 다른 식탁보를 테이블 위에 깔아요. 아이에게 손님용 종이 접시를 세는 것을 도와달라고 하세요.

⑦ 만약 아이가 여럿이면 아이들을 두 모둠으로 나누어요. 아이들은 피자를 만드는 역할과 손님 역할을 번갈아 할 수 있어요.

⑧ 피자를 만드는 아이들은 먼저 손님의 주문을 받아요. 손님이 고른 피자 앞에 표시를 해야 합니다. 아이들이 주문서(메뉴)에 표시하는 것을 도와주고, 피자가 모두 몇 판 필요한지 아이들과 함께 세어 보세요.

⑨ 아이들이 피자를 만들기 시작합니다. 피자를 다 만들면, 박스에 넣고 포장해요. 그리고 포장된 피자를 손님에게 건네어 줍니다.

⑩ 모든 아이들이 피자를 한 번씩 만들어 봤다면, 피자 가게의 문을 닫고 청소를 할 시간입니다. 점토는 다음에 다시 사용할 수 있도록 밀봉해서 냉장고에 넣어 주세요.

더 나아가기

아이가 이 놀이를 하고 나면, 설정을 변경하여 다양한 놀이를 할 수 있어요. 피자 가게 대신 커피숍을 열 수도 있지요. 아이들은 손님에게 줄 작은 컵케이크를 만들어 볼 수도 있답니다.

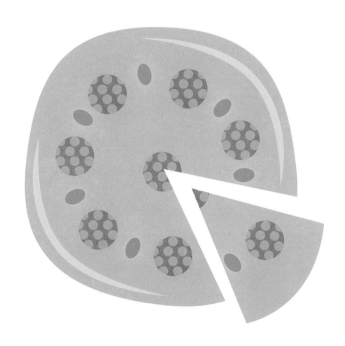

주사위를 굴려 봐요

주사위는 다양한 수학 놀이에 사용할 수 있는 아주 유용한 도구인데, 크기가 클수록 더욱 좋답니다. 이 활동은 40번 활동과 함께 해 보기를 권합니다. 주사위 2개를 던져서 나오는 수의 합계가 12까지 올라갈 수 있거든요. 언제나 그렇듯이 수량의 개념을 먼저 심어 주고, 숫자 카드와 더하기 및 빼기의 기호를 소개하는 활동으로 확장합니다.

준비물

☐ 한 쌍의 주사위 (가능한 큰 것이 좋아요.)

☐ 숫자 카드 (1~12)

☐ 쟁반

☐ 더하기 카드와 등호 카드 각 1개

활동 방법

① 주사위와 카드를 쟁반에 놓고, 아이가 쟁반을 놀이 공간으로 옮

길 수 있게 해요.(이 활동은 일반적으로 방바닥에서 합니다.) 아이가 쟁반의 주사위를 집어 들어, 놀이 공간 가운데에 둘 수 있게 이끌어 주세요.

② 아이는 여러분의 왼쪽에 앉습니다. 이제 아이에게 주사위 놀이로 덧셈을 할 거라고 말해 주세요.

③ 먼저 여러분이 시범을 보여 주세요. 주사위 하나를 굴리고 나서 나머지 하나를 굴려요. 두 주사위의 윗면에 있는 점의 개수를 큰소리로 세고, 두 수의 합을 계산합니다. 각 주사위를 차례로 가리키면서 어떻게 계산했는지 설명해 주세요. "첫 번째 주사위를 굴렸더니 점이 4개가 나왔고, 두 번째 주사위를 굴렸더니 점이 2개가 나왔어. 점 4개와 2개를 합치면 점이 총 6개야."

④ 주사위를 아이에게 건네 주어요. 이제 아이가 할 차례입니다. 아이가 이 활동에 자신감을 가질 때까지 최소한 3번 정도 반복하는 게 좋아요.

⑤ 더하기 기호와 등호를 소개하고, 덧셈에 넣을 것이라고 말해 주세요. 이번에는 더하기 카드, 등호 카드, 숫자 카드를 활용해서 3단계를 반복합니다.

예를 들어, 숫자 카드 4를 바닥에 내려 놓으면서 "4"라고 말하고, 바로 뒤에 더하기 카드를 놓으면서 "더하기"라고 합니다. 그 뒤에 숫자 카드 2를 놓으면서 "2"라고 말하고, 이어서 등호 카드를 놓으며 "는(은)"이라고 말해 주세요. 마지막으로 숫자 카드 6을 등호 뒤에 놓으면서 "6"이라고 이야기합니다.

⑥ 아이가 더하기 및 빼기 기호와 숫자 카드를 직접 사용해 보게 해요. 이 놀이를 단계별로 이해할 때까지 적어도 2번 더 반복해 줍니다.

TIP
어린아이들의 경우 1~4단계만 먼저 하고, 5~6단계는 나중에 하는 것이 좋아요.

더 나아가기

아이가 이 활동에 자신감이 생기면 화이트보드나 종이에 수식을 써 가면서 해 보세요.

더블? 더블!

'곱셈'에 대비할 수 있는 탁월한 방법이 있어요. 바로 숫자를 2배로 늘리는 법을 알려 주는 거예요. 이 활동은 일단 물건을 2개씩 늘리는 것으로 시작한 다음, 숫자를 사용하는 활동으로 확장합니다.

준비물

☐ 단추나 구슬 30개 (그 외 셀 수 있는 작은 물건도 가능해요.)

☐ 그릇

활동 방법

① 단추를 그릇에 담은 후에 테이블의 왼쪽에 올려 놓아요.

② 아이와 함께 테이블 앞에 앉아요. 아이에게 '2배로 늘리기' 놀이를 할 거라고 말해요.

③ 아이가 단추 2개를 테이블의 왼쪽 위에 가로로 나란히 올려 놓게 해요.

④ 이제 단추의 개수를 2배로 만들 거라고 이야기해 주세요.

⑤ 아이가 단추 2개를 테이블의 오른쪽 위에 가로로 나란히 올려 놓게 해요. 다음으로, 단추 2개를 이미 놓여 있는 단추들 아래에 같이 놓게 해요. 그러면 정사각형이 만들어져요. 아이에게 단추의 수를 세어 보라고 해요. 여러분이 "사" 또는 "넷"이라고 말해 주세요.

⑥ 매번 단추를 2개씩 더하면서 10에 도달할 때까지 4단계와 5단계를 반복합니다. 이 놀이를 아이와 함께 복습해요. 그러고 나서 단추 세트를 하나씩 가리키면서 아이에게 큰 소리로 숫자를 말하게 해요.

"이, 사, 육, 팔, 십."

"둘, 넷, 여섯, 여덟, 열."

TIP

어린아이들의 경우 6까지만 먼저 해 봅니다. 그러고 나서 10까지 해 보세요. 단추 세트들 사이에 빈 공간이 확실하게 분리되어 보이게 하세요. 아이가 각 숫자에 해당하는 개수를 분명하게 볼 수 있어야 합니다.

아이가 수량 개념을 잘 이해하면, 각 단추 세트의 아래에 숫자 카드를 놓으면서 계산 과정을 큰 소리로 말해 주세요. "단추 2개에 2개를 더하니까 4개가 되었네. 답이 되는 숫자 카드를 찾아볼까? 그리고 단추 4개의 밑에 두는 거야."

3개씩 더하는 활동으로 응용해 봐도 좋아요.

아이가 10까지 세는 것을 잘하게 되면, 더 높은 숫자로 진행해 보세요.

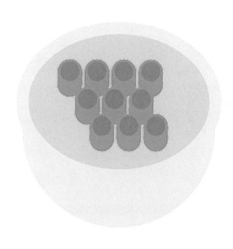

손바닥 자를 써 봐요

~~~~~~

이번에는 아이가 손으로 물건의 크기를 재는 활동이에요. 이 활동을 하면서 아이들은 '측정'이라는 개념을 이해할 수 있어요. 눈금자가 없을 때, 사람들은 어떻게 크기를 재는지에 대해 이야기하면서 시작하면 좋아요. 조랑말의 키를 여전히 손으로 재기도 한다고 말해 주는 것도 괜찮답니다. 이 활동이 끝나면 아이는 왜 물건의 크기를 재기 위해 표준 단위를 사용하는지 이해하게 될 거예요.

준비물

□ 종이

□ 연필

□ 중간 크기에서 큰 크기의 물건들 6~8개

　(예시: 테이블 상판, 의자, 책, 싱크대 등)

활동 방법

① 아이에게 물건의 크기를 함께 재어 볼 거라고 말해 주세요. 대

신 눈금자를 사용하지 않고, 몸의 일부를 사용할 거라고 설명합니다. 아이에게 몸의 어디를 사용하면 좋을지 물어보세요.

② 측정할 물건들을 아이와 함께 종이의 왼쪽에 적어요.

③ 두 손을 세로로 정렬했을 때, 한쪽 손가락 끝과 다른 손바닥 사이에 틈이 없도록 해서 물건의 크기를 재는 방법을 아이에게 보여 주세요.

④ 여러분이 먼저 첫 번째 물건의 크기를 직접 재어 보세요. 그리

고 아이가 직접 해 보기 전에, 물건의 크기를 잴 때 쓰이는 손바닥의 수가 엄마보다 많을지 적을지 물어보세요. 그리고 아이가 물건의 크기를 손으로 재어 본 뒤, 자신의 답이 맞았는지 확인해 봅니다.

⑤ 첫 번째 물건의 크기를 재기 위해 필요했던 손바닥의 수를 종이에 기록해요.

⑥ 아이가 나머지 물건의 크기도 재어보고 기록하게 합니다.

TIP
어린아이들은 물건 4~6개 정도를 측정해 봐요.

더 나아가기

발을 이용해서 물건의 크기를 재어 봐도 좋아요.

어느 것이 더 클까?

아이의 수학 개념이 발달하면서 수학과 관련된 어휘도 함께 발달합니다. 수학적으로 반대되는 개념을 설명하는 경우에 특히 그렇습니다. 지금부터 수학 속 반대되는 개념을 알 수 있는 세 가지 활동을 소개할 거예요. 먼저 더 '큰' 것들과 더 '작은' 것들을 비교하면서 시작해 봐요.

준비물

☐ 4~5개의 작은 물건 (단추, 연필, 동전 등)

☐ 4~5개의 큰 물건 (주전자, 병, 깡통 등)

☐ 쟁반

활동 방법

① 준비한 물건을 모두 쟁반에 올려서 테이블로 옮겨요. 쟁반을 테이블 왼쪽에 올려 둡니다.

② 아이를 여러분의 옆에 앉히고, 물건들의 크기를 비교하면서 크

기가 큰 것과 작은 것을 알아볼 거라고 말해 주세요.

③ 아이가 순서에 상관없이 물건들을 맨 위에 한 줄로 줄지어 놓게 합니다.

④ 아이에게 큰 물건과 작은 물건을 짝지어 보자고 이야기해 주세요. 먼저, 엄마가 물건들을 선택하고 크기를 구분하여 놓는 것을 보여 줍니다. 큰 물체와 작은 물체를 하나씩 선택하여 다른 물건들 아래 중앙에 나란히 놓아요. 더 큰 물건을 왼쪽에 두세요.

⑤ 이제 아이가 물건을 선택하여 엄마가 했던 대로 물건의 크기를 구분할 차례입니다. 크기가 큰 물건을 왼쪽에 놓고, 작은 것은 오른쪽에 놓자고 말해 주세요.

⑥ 준비된 물건들을 모두 짝지을 때까지 계속하면 돼요.

TIP

어린아이들은 각각의 크기로 3개부터 시작해요.
물건들의 크기에 확실하게 차이가 있어야 해요.

더 나아가기

영어 단어를 알려 주면서 물건 3개를 비교해 봐요.

Big(큰), Bigger(더 큰), Biggest(가장 큰)
Small(작은), Smaller(더 작은), Smallest(가장 작은)

가장 큰 것에서 가장 작은 것까지 크기에 따라 물건들의 등급을 매겨 봐요.

어느 것이 더 길까?

일상생활에서는 종종 길이를 비교해야 하는 경우가 많습니다. 이번 활동을 통해 아이는 길이를 비교하는 방법을 배울 거예요. 숨겨진 실 조각을 찾아서 자기가 가지고 있는 것과 비교하는 거지요. 아이가 가지고 있는 실 조각이 비교를 위한 기준이 됩니다. 아이가 이 활동을 자신 있게 할 수 있게 되면, 실을 가장 긴 것부터 가장 짧은 것까지 등급을 매겨 볼 수 있어요. 그리고 나서 눈금자를 사용하는 방법을 알려 주면 좋아요.

준비물

☐ 실뭉치

☐ 가위

☐ 눈금자

☐ 마스킹 테이프 (선택 사항)

활동 방법

① 실을 30센티미터 길이로 잘라요. 그리고
   나서 4개는 더 길게, 4개는 더 짧게 해서 자릅니다.

② 더 길거나 더 짧은 실 조각 8개를 방 여기저기에 숨겨요. 몇 개
   는 벽이나 선반 표면에 쭉 펴서 테이프로 붙여도 좋아요.

③ 이제 아이는 숨겨 놓은 실 조각들을 찾아야 합니다.

④ 조금 전에 잘라 놓은 30센티미터 실 조각을 아이에게 주세요.
   다른 실 조각들과 비교하는 용도로 사용할 수 있어요. 아이가
   실 조각을 찾으면 자기가 가지고 있는 것보다 더 긴지, 짧은지
   비교해야 합니다.

TIP

아이가 가지고 있는 실 조각보다 더 길거나 짧은 실을 사용해서 길이를
정확하게 비교하는 방법을 보여주세요. 실의 양쪽 끝이 한쪽 면에 똑같
이 정렬되도록 해야 합니다.

더 나아가기

실을 길이 순서로 정렬해 보세요. 아이가 실 조각들을 모두
찾으면 테이블로 가져와서 가장 긴 것부터 가장 짧은 것까지
순서대로 배열하는 거예요.

눈금자의 사용법을 알려 주기에 아주 좋은 활동이에요. 아이
가 자신감을 얻으면, 눈금자를 이용해 이 활동을 해 보세요.

어느 것이 더 무거울까?

물건의 길이를 비교할 때에는 눈대중으로 판단할 수 있어요. 하지만 무게를 비교할 때에는 눈으로만 판단할 수 없지요. 이 활동을 통해서 무게를 결정하는 것은 물건의 크기가 아니라, 그 물건을 만드는 재료라는 것을 배우게 됩니다.

준비물

☐ 크기와 무게가 다른 물건 6~8개
☐ 쟁반

활동 방법

① 무게가 다른 것들끼리 짝을 지어서 쟁반 위에 올려 놓은 후, 쟁반을 테이블 왼쪽에 두어요.

② 아이와 함께 물건들을 보면서 생각해 봐요. 짝지어진 물건들 중 어느 것이 더 무거운지 알 수 있나요?

③ 아이가 첫 번째 쌍을 선택하게 해요. 그리고 둘 중에서 어떤 것

이 더 무거울지 물어보세요.

④ 다른 쌍의 물건으로도 반복해요.

⑤ 앞선 단계들을 반복하되, 이번에는 아이가 물건을 손으로 들고 무게를 비교해 보게 합니다.

⑥ 아이는 물건의 무게는 항상 크기에 의해서만 결정되는 것이 아니라, 물건을 만드는 재료에 따라 결정되기도 한다는 것을 알게 됩니다.

어린아이들의 경우 1~4단계를 하고 나서 5~6단계로 진행합니다. 크기는 크지만 가벼운 물건들과, 크기는 작지만 무거운 물건들을 준비해 주세요.

더 나아가기

가장 무거운 것부터 가장 가벼운 것까지 순서를 지어 보세요. 이 활동은 어떤 재료가 더 무겁고 가벼운지, 그리고 재료마다 적합한 쓰임이 있다는 것을 알아보는 활동이 될 수도 있어요. 동화 《아기 돼지 삼형제》를 읽으면 이 사실을 더 완벽히 이해할 수 있을 거예요.

짜잔! 선물을 포장해요

모든 아이들은 선물 받는 것을 좋아해요. 그리고 선물을 포장하는 것도 정말 좋아한답니다. 이 놀이에는 여러가지 수학적인 기술이 포함되어 있어요. 물건을 포장할 종이의 크기를 판단하는 것부터 시작해서 종이를 정확한 크기로 자르는 것까지 배울 수 있지요.

준비물

☐ 상자 또는 책

☐ 각각 크기가 다른 포장지, 얇은 종이 또는 주름 종이 3장 (Tip 참고)

☐ 접착 테이프

☐ 가위

☐ 쟁반

활동 방법

① 먼저 모든 물건들을 쟁반 위에 올려 놓고, 아이와 함께 물건들을 방바닥이나 테이블로 옮깁니다.

② 상자를 놀이 공간의 가운데 놓아요. 종이 3장은 상자 위쪽에 한 줄로 나란히 놓아요. 다른 물건들은 아이가 앉아 있는 자리의 왼쪽에 둡니다.

③ 아이에게 상자를 예쁘게 포장해 볼 거라고 말해 주세요. 상자에 가장 어울리고 상자를 잘 감쌀 수 있을 것 같은 종이를 아이가 스스로 선택하게 해요.

④ 어떤 종이가 상자의 크기에 가장 잘 맞을지 아이가 시험해 보는 단계입니다.

⑤ 아이가 가장 잘 맞는 종이를 선택했으면, 상자를 중앙에 놓고 종이를 약간 겹치게 해서 상자를 어떻게 감싸는지 보여주세요. 테이프로 종이를 붙여야 한다고 설명한 후에 아이가 직접 붙여 보게 합니다.

⑥ 끝부분으로 이동해서, 각 면을 삼각형 모양으로 접고 끝을 구부린 다음에 테이프로 붙이는 방법을 보여 줍니다. 다른 쪽 끝을 어떻게 하는지도 마지막까지 보여 주세요.

TIP

종이 3장을 준비할 때 하나는 딱 맞는 크기로, 하나는 아주 작은 크기로, 하나는 아주 큰 크기로 준비해 주세요.
어린아이들과 이 활동을 할 때에는 선택할 수 있는 종이를 2장만 준비합니다.

다른 모양의 물체를 포장해 보세요.

아이가 이 활동을 자신 있게 할 수 있으면, 두루마리 형태의 종이를 사용해 보세요. 격자무늬 포장지는 종이를 가위로 자를 때 안내선 역할을 하기 때문에 아주 유용해요.

물건을 리본으로 감싼 후에 나비 모양으로 매듭짓는 방법을 보여 주세요.

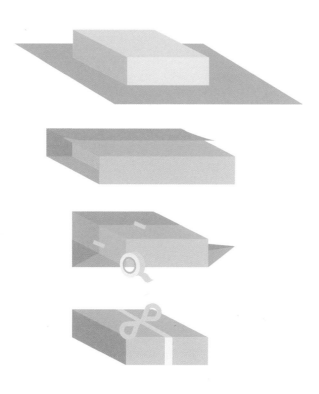

워크시트

워크시트 ①

at	fan	kettle	pin	us
bat	goat	leg	queen	van
cat	hat	man	rat	was
dog	ink	not	silence	box
egg	jug	off	tin	yellow
				zoo

워크시트 ③

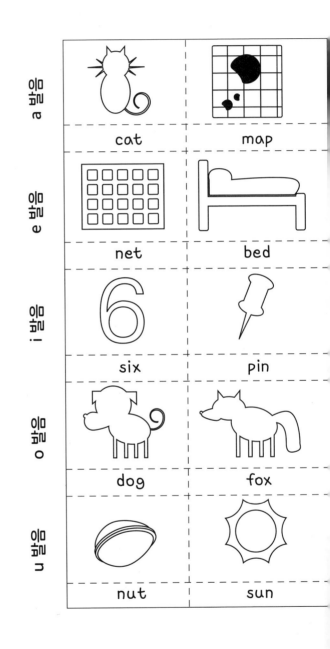

a 발음		
	cat	map
e 발음		
	net	bed
i 발음		
	six	pin
o 발음		
	dog	fox
u 발음		
	nut	sun

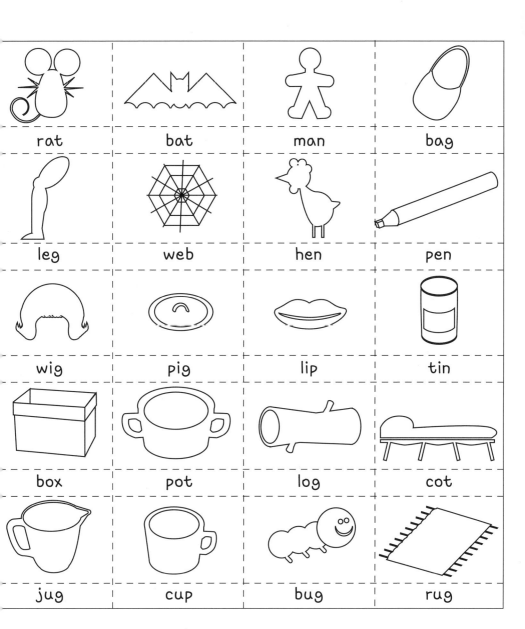

rat	bat	man	bag
leg	web	hen	pen
wig	pig	lip	tin
box	pot	log	cot
jug	cup	bug	rug

워크시트 ④

관사	형용사	동사	전치사
The	big	sat	on
A	red	jumps	under
the	pink	hops	over
a	wet	digs	next to
	little	runs	by

up	put	hot
	looks	slim
	saw	thin
	goes	soft
	creeps	spotted
	rolls	stripy

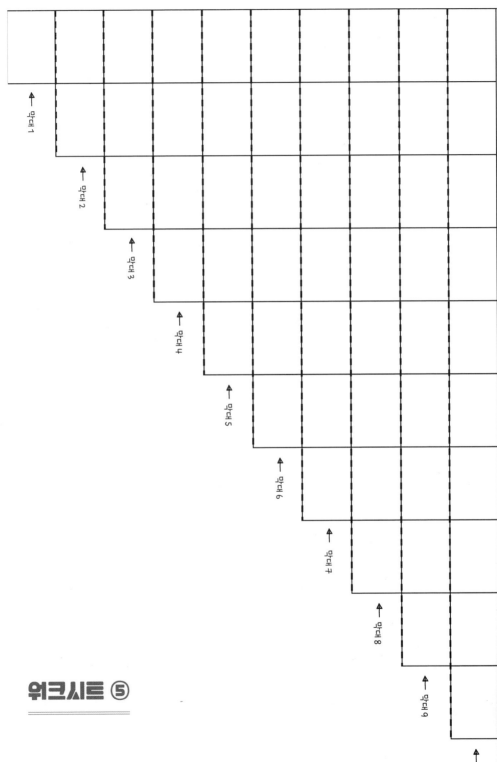

워크시트 ⑤

마디 1
마디 2
마디 3
마디 4
마디 5
마디 6
마디 7
마디 8
마디 9
마디 10

숫자도 익히는 몬테소리 영어 놀이

1판 1쇄 인쇄 2021년 6월 5일
1판 1쇄 발행 2021년 6월 10일

지은이 마자 피타믹
옮긴이 오광일
펴낸이 이윤규

펴낸곳 유아이북스
출판등록 2012년 4월 2일
주소 (우) 04317 서울시 용산구 효창원로 64길 6
전화 (02) 704-2521
팩스 (02) 715-3536
이메일 uibooks@uibooks.co.kr

ISBN 979-11-6322-058-9 03370
값 16,000원